Beltz Taschenbuch 171

Über dieses Buch:
Verschiedene Theorien zur Psychosomatik essgestörten Verhaltens weisen besonders den Müttern eine Schlüsselrolle im Hinblick auf die Essstörung ihrer Kinder zu. Dies betrifft ihre Beteiligung sowohl an der Entstehung der Störung als auch an deren Aufrechterhaltung. Dabei fällt auf, dass die Mütter in der Literatur fast ausschließlich aus Sicht der Betroffenen und Therapeuten beschrieben werden. In diesem Buch melden sie sich das erste Mal selbst zu Wort: Was bedeutet die Essstörung ihrer Tochter für sie selbst und die übrigen Familienmitglieder, wie gehen die Mütter mit ihren Schuldgefühlen, mit ihrem Leid, ihrer Hilflosigkeit, aber auch mit ihrer Aggression und Wut um? Wer unterstützt sie im Kampf gegen die Krankheit ihrer Tochter und von wem fühlen sie sich im Stich gelassen?
Aus der Erfahrung von mehr als 70 Müttern essgestörter Mädchen und Frauen ergeben sich am Ende des Buches viele Ratschläge, wie mit der Situation am besten umzugehen ist und die Einsicht, dass die Krankheit in vielen Fällen erfolgreich bekämpft werden kann.

Die Autorin:
Renate Kunze ist promovierte Diplompsychologin und Psychotherapeutin und hat viele Jahre als Elternberaterin und Therapeutin für Essstörungen am Zentrum für Diagnostik und Psychosoziale Beratung an der Universität Bremen gearbeitet. Ihr Buch beruht auf einem Artikel und Leserbriefen in der Zeitschrift »Brigitte« und einer anschließenden Studie an der Universität Bremen, in deren 6-jährigem Verlauf über 70 Mütter magersüchtiger oder bulimischer Töchter nach ihren Erfahrungen befragt wurden. Renate Kunze lebt in Bremen.

Renate Kunze

»Ich bin müde, kraftlos und herzleer«

Wie Mütter die Magersucht und Bulimie
ihrer Töchter erleben und bewältigen

Besuchen Sie uns im Internet:
www.beltz.de

Das Werk und seine Teile sind urheberrechtlich geschützt. Jede Nutzung in anderen als
den gesetzlich zugelassenen Fällen bedarf der vorherigen schriftlichen Einwilligung des
Verlages. Hinweis zu § 52a UrhG: Weder das Werk noch seine Teile dürfen ohne eine solche Einwilligung eingescannt und in ein Netzwerk eingestellt werden. Dies gilt auch für
Intranets von Schulen und sonstigen Bildungseinrichtungen.

Beltz Taschenbuch 171

1 2 3 4 5   09 08 07 06 06

© 2006 Beltz Verlag, Weinheim und Basel
Umschlaggestaltung: Federico Luci, Odenthal
Umschlagabbildung: © mauritius images/AGE
Satz: WMTP, Birkenau
Druck und Bindung: Druckhaus Beltz, Hemsbach
Printed in Germany

ISBN 3 407 22171 1

INHALT

Vorbemerkung
9

TEIL I
KRANKHEITSBEGINN UND KRANKHEITSVERLÄUFE
15

1
Wie fing alles an?
»Zuerst ist mir die Veränderung meiner Tochter gar nicht so aufgefallen«
17

Wie ging es weiter?
25

Auffälligkeiten im Ess- und Ernährungsverhalten der Tochter
»Sie aß so gut wie nichts mehr …«
25

Veränderungen in Verhalten und Psyche der Tochter
»Sie war sich selbst nicht gut …«
30

Physische Folgen der Essstörung
»Wie ein Skelett mit bisschen Haut drüber …«
39

Verhältnis zwischen Mutter und Tochter
»Es ist zurzeit sehr schwierig, mit ihr umzugehen …«
42

Teil II
Was bedeutet die Krankheit für die Mütter?
51

2
Warum?
»Diese Frage lastet wie Steine auf mir …«
53

Erklärungsversuche der Mütter
53

3
Belastungserleben der Mütter
»Damals erlebte ich die schlimmste Zeit meines Lebens …«
65

Angst und Sorge
67

Hilflosigkeit
70

Schuld- und Versagensgefühle
76

Alleingelassensein
82

Sonstige Emotionen
85

Schuldzuweisungen/Vorwürfe von anderen
88

Gesundheitliche Belastungen der Mütter
94

4
Väter
»Das ist nur eine pubertäre Erscheinung …«
99
Wie ist der Vater mit der Krankheit der Tochter umgegangen, wie hat er sich verhalten? Unterstützung für die Mutter?
99

Geschwister
»Zwischen Mitleid und Aggression …«
114
Wie haben sich die Geschwister verhalten?
114

Teil III
Hilfe und Bewältigung
117

5
Gesprächspartner
»Gespräche können momentan erleichtern …«
119
Mit wem haben die Mütter über die Krankheit ihrer Tochter gesprochen?
119

Hilfe
»Wirkliche Hilfe erfuhr ich nirgends …«
124

6
Zeit der Veränderungen
»Die heile Welt ist zerbrochen …«
134
Wie bewältigen die Mütter diese Krise in ihrem Leben?
134

**7
Empfehlungen zur Bewältigung von Müttern für Mütter**
»Nur nicht in Selbstmitleid ertrinken ...«
151

Frühes Handeln, Information, Motivierung der Töchter zu Therapien
154

Grenzen setzen und Loslassen der Tochter
160

Selbstaufmerksamkeit und Selbststärkung
166

Aufrechterhalten der Beziehung zur Tochter
172

Gelassener Umgang mit Ess- und Ernährungsverhalten der Tochter
174

Offenheit anderen Personen gegenüber
176

Schlussbemerkung
»In der Mitte der Nacht beginnt ein neuer Tag ...«
179

Anhang
181

Daten zu den Befragungen
183

Der Fragebogen
187

Erläuterungen zum Krankheitsbild
193

Adressen, die weiterhelfen können
198

Literaturempfehlungen
200

Vorbemerkung

Ich bin müde, kraftlos und herzleer …
Mein Mann richtet mich immer wieder auf, ohne ihn wäre ich schon längst übergeschnappt.

Es gab schon Momente, da dachte ich, es geht einfach nicht mehr weiter, mehr erträgst du nicht!

Ich konnte den Anblick meines Kindes, welches zuvor ein Energiebündel gewesen war, nicht mehr ertragen. Sie war gelblich-bläulich, ihre Hände erinnern an ein Skelett, ihr Körper an die Leichen im KZ. Im August hatte ich einen Hörsturz.

Ich finde es eine ganz grausame Krankheit für die Kinder, die Mütter und die ganzen Familien, es erscheint alles kaputt.

Dieses sind Aussagen von Müttern, deren Töchter an einer Essstörung erkrankt sind. Was ist das für eine Krankheit, die Mütter so mitleiden lässt?

Unter Essstörungen werden seelische bzw. psychische Störungen erfasst, die sich vorrangig in Form eines auffälligen Ess- und Ernährungsverhaltens manifestieren. In diesem Buch geht es um Magersucht und Bulimie (Ess-Brech-Sucht) oder auch um eine Kombination von beiden (weitere Erläuterungen siehe Anhang).

Von Essstörungen betroffen sind hauptsächlich Frauen (ca. 95 Prozent der Erkrankten sind weiblich). Da es sich in der Regel um junge Frauen oder Mädchen handelt, leben viele Betroffene noch in den Familien oder haben eine starke Bindung an die Ursprungsfamilie. Daraus resultiert eine intensive Konfrontation der Familien – und hier insbesondere der Mütter – mit den Symptomen und Auswirkungen der Krankheit.

Verschiedene Theorien zur Psychosomatik essgestörten Verhaltens weisen besonders den Müttern eine große Bedeutung im Hinblick auf die Essstörung ihrer Kinder zu. Dies betrifft sowohl ihre Beteiligung an der Entstehung der Störung wie an deren Aufrechterhaltung. Dabei fällt auf, dass die Mütter in der Literatur fast ausschließlich aus der Sicht der Betroffenen oder der Therapeutinnen und Therapeuten beschrieben werden. Viele Mütter fühlen sich unverstanden, in Schubladen abgelegt oder als Sündenböcke. Für ihre eigene Betroffenheit, ihre Hilflosigkeit, ihr Leid und ihre Belastung im Zusammenhang mit der Essstörung ihres Kindes finden sie selten Gehör.

Deswegen erschien es mir sinnvoll, den Blickwinkel einmal zu verändern: nämlich Mütter zu fragen, was die Essstörung ihrer Tochter für sie bedeutet, und ihnen Gelegenheit zu geben, von ihrem Erleben zu berichten. Was belastet die Mütter und wie bewältigen sie die Probleme? In welcher Weise tragen Familie und Freunde zur Bewältigung oder auch im Gegenteil zu einer weiteren Belastung der Mütter bei? Wie verändert sich das Leben der Mütter?

Zunächst stand allerdings einer Realisierung dieses Projektes ein Problem im Wege: Wie genügend auskunftsbereite Mütter finden? So war es z.B. nicht möglich, über Fachkliniken oder Beratungsstellen an Adressen von betroffenen Müttern zu gelangen (Datenschutz), so dass ich das Projekt zunächst aufgab. Dann entschloss ich mich, über einen eher ungewöhnlichen Weg zu versuchen (Leserbrief an die Zeitschrift »Brigitte«), Mütter zu finden. Nach Veröffentlichung dieses Briefes erreichten mich viele Telefonanrufe und Briefe von

Müttern, die nicht nur bereit waren, über ihr Erleben Auskunft zu geben, sondern darüber hinaus sehr froh waren, einmal ihre Sicht der Dinge darlegen zu können. Ich hatte offensichtlich bei ihnen einen Nerv getroffen.

Kommentare von Müttern:

Abgesehen von meiner Tochter durchwanderte ich eine sehr lange Leidenszeit, Hilfe bekam ich nirgends, im Gegenteil. Ganz bestimmt greifen Sie ein Thema auf, um das sich noch kaum jemand Mühe machte.

Endlich jemand, welcher auch mal an die leidgeprüften Eltern denkt ... Wir sind dabei, um es ganz deutlich zu sagen, fast vor die Hunde gegangen. Es war einfach furchtbar ...

Es tut gut, dass sich mal jemand Gedanken macht, wie es uns Müttern, Vätern und auch Geschwistern mit diesem Problem geht.

Mit Unterstützung durch die Universität Bremen habe ich dann gemeinsam mit meiner Kollegin Elke Niermann-Kraus eine Längsschnittstudie zum Belastungserleben und Bewältigungshandeln von Müttern magersüchtiger und bulimischer Töchter durchgeführt (Mütter von Söhnen hatten sich nicht gemeldet). Durch die Briefe der Mütter hatten wir schon einen Einblick in deren Denken und Fühlen erhalten und konnten so einen Fragebogen mit speziell auf diese Problematik zugeschnittenen Fragen entwerfen, die von den Müttern in freier Wortwahl beantwortet werden sollten (siehe auch Anhang). 94 Mütter von betroffenen Töchtern aus der gesamten Bundesrepublik (drei aus dem Ausland) waren bereit und motiviert genug, an der Befragung I teilzunehmen. Wir waren beeindruckt von der Offenheit und dem Engagement, mit dem viele Mütter sich die Mühe der schriftlichen Beantwortung der Fragen machten.

Uns ließen diese »Schicksale« nicht los, und es interessierte uns sehr, wie es den Müttern und Töchtern in der Folgezeit erging. So starteten wir eineinhalb Jahre später eine zweite Befragung mit denselben Müttern. Diesmal beteiligten sich 46 Mütter daran. So konnten wir erfahren, wie sich der Gesundheitszustand der Töchter verändert hatte, wie es den Müttern ergangen war und wie deren eigenes Befinden war.

Das Thema beschäftigte uns auch weiterhin sehr. Daher entschlossen wir uns nach weiteren viereinhalb Jahren, noch einmal alle Mütter anzuschreiben und sie erneut um die Beantwortung der Fragen zu bitten (Befragung III). 45 Mütter scheuten auch diesmal den Aufwand nicht, teilten uns ihr Erleben und Befinden mit und informierten uns über den weiteren Verlauf der Erkrankung bzw. Gesundung der Tochter.

Alle drei Befragungen wurden nach wissenschaftlichen Kriterien ausgewertet. Die Ergebnisse habe ich in Form einer Dissertation mit dem Titel »Belastungserleben von Müttern magersüchtiger und bulimischer Töchter unter Einbeziehung des familiären, sozialen und institutionellen Kontextes sowie Aspekte der Bewältigung« an der Universität Bremen veröffentlicht.

Das hier vorliegende Buch habe ich für die Mütter geschrieben. Die wichtigsten Ergebnisse der Befragungen werden vorgestellt und mit vielen Zitaten unterlegt (sie sind im Text – wie die obigen Zitate – jeweils *kursiv* gedruckt). So wird in lebendiger Weise die ganz persönliche Sicht der Mütter in Bezug auf die Essstörung ihrer Töchter deutlich und ihr subjektives Erleben nachvollziehbar.

Allen Müttern, die sich an den Befragungen beteiligt haben, schulde ich großen Dank. Sie waren bereit, ihre Gedanken und Gefühle in großer Offenheit mitzuteilen und haben dadurch unser Blickfeld in Bezug auf die Situation der Familien sehr erweitert.

Ferner gilt ihnen meine ganz besondere Achtung und Anerkennung für ihre jeweils sehr persönliche und mutige Auseinandersetzung mit dieser Krisenerfahrung in ihrem Leben.

Renate Kunze

Teil I

Krankheitsbeginn und Krankheitsverläufe

1

Wie fing alles an?

»Zuerst ist mir die Veränderung meiner Tochter gar nicht so aufgefallen ...«

Ja, wie fing es an? Diese Frage kann ich nicht einmal beantworten. Es fiel mir nur mehr und mehr auf, dass die Esssachen wesentlich schneller aus dem Kühlschrank verschwanden, als sie reingekommen sind. Es war ein schleichender Prozess. Manchmal denke ich, dass schon vor einigen Jahren alles anfing. Meine Tochter war oft mittags allein zu Haus, weil ich meine Mutter betreuen musste.

Viele Mütter, besonders von **bulimischen Töchtern**, können einen genauen Beginn nicht angeben. Erst im Nachhinein erinnern sie sich an Auffälligkeiten und Begebenheiten, denen sie aber bei deren Auftreten keine besondere Beachtung schenkten. So kann es Monate dauern, bis die Essstörung in ihrem Ausmaß erkannt wird, besonders da die bulimischen Mädchen und Frauen vom äußeren Erscheinungsbild meist unauffällig schlank sind. Ihren Essanfällen und dem nachfolgenden Erbrechen geben sie in der Regel nur heimlich nach, wie sie überhaupt versuchen, ihre Situation zu verheimlichen.

Am Anfang merkte man nur, dass dieses Mädchen nicht mehr regelmäßig zu den Mahlzeiten erschien und auf Bit-

ten nicht reagierte, zum Essen zu erscheinen ... Bis ich dann durch Zufall nach einem Essen, das meine Tochter kochte und auch mitaß, am Bad vorbeikam. Meine Tochter war mit Erbrechen beschäftigt und verhielt sich auf meine Fragen sehr abweisend. Ich bräuchte mir keine Sorgen zu machen, mal schlecht sein ist keine Krankheit ... Jetzt endlich begriff ich die fehlenden Lebensmittel, die ich manchmal gesucht hatte.

Die Schwierigkeit ist, dass man schon tief in der Krankheit drinsteckt, ehe man konkrete Anzeichen selbst feststellt. Mütter und Töchter müssten besser aufgeklärt werden und »hellhöriger« gemacht werden für beginnende Anzeichen.

Die später **magersüchtigen Töchter** kündigen ihre Diätbemühungen durchaus an und die Mütter finden das Diätverhalten ihrer Tochter zunächst ganz normal. Das verwundert nicht, denn welche Mutter ist nicht mit Diäten vertraut? Selbst wenn sie selber nicht hin und wieder Diät hält, so wird sie doch – wie auch ihre Tochter – ständig mit den vielen Diätlebensmitteln und neuen Schlankheitskuren konfrontiert. Kann man sich ein Frühjahr vorstellen ohne Aufforderung in den Illustrierten und Frauenzeitschriften, nun aber an den Sommer und die Bikinizeit zu denken und anzufangen, den Körper in Form zu bringen, die Pfunde purzeln zu lassen? So ist nachzuvollziehen, dass ein Teil der Mütter die Diätbemühungen der Tochter zunächst positiv beurteilte, ja sogar voll Bewunderung für die Tochter war wegen ihres Durchhaltevermögens.

Hatte zuerst nichts dagegen, wenn sie ein paar Pfund abnimmt. Sie war ja körperlich nicht unterernährt und wog bei einer Größe von ca. 1,60 m immerhin ca. 120 Pfund.

Ich habe lange geglaubt, dass meine Tochter eine erfolgreiche Leistungssportlerin werden wolle, und empfand auch Stolz dabei. Dann imponierte mir die Konsequenz in der Ernährung, bis ich große Angst aufgrund des Abmagerns bekam.

So schöpfen die meisten Mütter erst allmählich Verdacht. Sie merken, dass die Tochter auch nach Erreichen des ursprünglich angestrebten Gewichtes mit ihrem Diätgehabe nicht aufhört, sondern immer konsequenter wird. Sie sehen diese Situation zunächst als **Herausforderung** an, weil sie aufgrund ihrer mütterlichen Fähigkeiten erwarten, die Tochter schon wieder zum Essen und zu einem vernünftigen Verhalten zu bringen.

Ich konnte mir damals allerdings noch nicht vorstellen, wie schlimm alles war. Und ich träumte noch davon, als Mutter wieder alles in Ordnung bringen zu können.

Eine Reihe von Müttern hatte noch nie etwas von Magersucht oder Bulimie gehört, ihnen waren Essstörungserkrankungen unbekannt. Der Gewichtsverlust der Tochter ließ sich für sie ganz einfach erklären: Der kommt daher, dass die Tochter so wenig isst. Sie muss eben nur wieder mehr essen, dann wird sie auch wieder zunehmen. Solche Gedanken beruhigen die Mütter zunächst, denn es liegt außerhalb ihres Vorstellungsvermögens, dass ein Mensch nicht wieder anfängt, ausreichend zu essen.

Unsere Tochter ist seit dem Sommer voll in ihrer Krankheit, und es hat lange gedauert, bis wir richtig begriffen, was das eigentlich bedeutet. Denn obwohl ich einen medizinischen Beruf habe (MTA), wusste ich nichts über diese

Krankheit ... Jedenfalls, als bei uns der Groschen rutschte, war es bei ihr schon viel zu spät.

Die meisten Mütter ahnen zu diesem Zeitpunkt nicht, dass es nicht wirklich um Essen bzw. Nichtessen geht, sondern dass das Essverhalten nur das Symptom für etwas anderes ist. Sie ahnen nicht, dass ihre bis dahin meist in Schule und Sport erfolgreiche, hübsche und in der Familie unauffällige, »normale« Tochter mit sich, ihrem Leben und ihrem Körper höchst unzufrieden ist. So unzufrieden, dass sie glaubt, unbedingt etwas ändern zu müssen.

Dann taucht bei ihr z.B. plötzlich der Gedanke auf: »Wenn ich nur dünner wäre, eine so gute Figur hätte wie meine überall beliebte und dazu noch erfolgreiche Klassenkameradin, dann wäre alles ganz anders.« Und sie beginnt mit einer Diät.

Sie hat Erfolg damit, fühlt sich plötzlich nicht mehr klein und unzulänglich, sondern stark und besonders. Sie schafft etwas, was ihre Freundin oder ihre Mutter oder Schwester nicht schaffen. Sie ist wer. Sie hat Kontrolle über ihren Körper und – wie sie glaubt – damit über ihr Leben. Was ihr vorher Angst gemacht hat, tritt zurück. Sie glaubt, damit endlich den perfekten Weg zu einem zufriedenen Leben gefunden zu haben.

Das Fatale ist, dass die anderen Probleme, die sie vorher hatte, tatsächlich abnehmen, und zwar je länger und tiefer sie in die Welt der Essstörungen rutscht. Nicht, weil sie gelöst wären, sondern weil sie sie nicht mehr wahrnimmt. Ihre Welt ist so begrenzt und so reduziert, dass sie eine täuschende Sicherheit bietet. Es interessiert sie nichts anderes mehr als ihr Gewicht, deshalb berührt sie auch nichts anderes mehr wirklich. Die Essstörung bedeutet zu dieser Zeit erfolgreiche Lebensbewältigung für sie, und deshalb ist sie eisern entschlossen, daran festzuhalten, egal, was ihre Mutter meint oder wünscht.

Schließlich bemerken die Mütter, dass etwas Gravierendes mit ihrer Tochter nicht stimmt, sie beobachten das Verhalten der Tochter genau. Vielleicht haben sie in einer Zeitschrift einen Artikel über Essstörungen gelesen und sind nun sehr hellhörig. Sie besorgen sich Literatur oder versuchen sich anderweitig zu informieren, drängen auf einen Arztbesuch.

Eine **Bedrohung** gleich zu Beginn der Wahrnehmung einer Veränderung der Tochter empfinden nur solche Mütter, die über Essstörungserkrankungen informiert sind.

Zu Beginn der Krankheit war ich »fassungslos«. Als »Fachfrau« kannte ich die Krankheit und wollte zuerst auch nicht wahrhaben – uns hat es getroffen!

Ich erkannte rasch, dass meine Tochter magersüchtig war. Zunächst konnte ich es nicht fassen, dass das, was doch höchstens nur anderen zustößt, nun mich selbst betreffen sollte.

Es war für mich nicht vorstellbar, dass unsere Familie betroffen sein könnte.

Und so kommt es ebenfalls vor, dass wahrgenommene Symptome erst einmal abgewehrt werden (weil nicht sein kann, was nicht sein darf).

Gedanken an die Krankheit »Magersucht« kamen schon ziemlich früh und wurden dann für Monate verdrängt. Dann aber war ich mir sicher und der Hausarzt bestätigte mich. Sofortige Suche nach Hilfe.

Man kann aus den Zitaten erkennen, dass die Essstörung der

Tochter von diesen Müttern nicht nur als eine Bedrohung für die Tochter selbst wahrgenommen wird, sondern ebenfalls als eine Bedrohung für die eigene Person und die ganze Familie.

Anhand der Ausführungen der Mütter kann festgestellt werden, dass häufig die Mütter die Diagnose Magersucht vor den Ärzten stellten und – zumindest in den hier vorliegenden Fällen – immer Recht hatten. Nicht selten beurteilten die Ärzte die Situation zunächst falsch.

Zuerst ist mir die Veränderung meiner Tochter gar nicht so aufgefallen. Erst als es immer extremer mit dem Verlust des Gewichtes wurde, ergriff ich Maßnahmen und ging zum Hausarzt. Der sagte, das wären Pubertätsprobleme, ich sollte ihr nur Nahrungsmittel geben, auf die sie Appetit hat. Sorgen wären null angebracht.

Im Sommer mit meinem Hausarzt gesprochen, der aber nichts Gefährliches an ihrem Verhalten entdecken konnte und sie über Monate mit Mineralien versorgte. Im Herbst mit ihrem Klassenlehrer, der »aus allen Wolken fiel« und mich als überbetuliche Mutter abservierte. Ich war verunsichert und wurde es noch mehr, als ich im gleichen Herbst den Nervenarzt aufsuchte, den meine Tochter von sich aus um Rat gefragt hatte und der ihr dann Medikamente – Antidepressiva (pflanzliche) – verordnete.

Schickte sie zur Blutuntersuchung zur Hausärztin (schon sichtbarer Gewichtsverlust auf 49 kg) … Überweisung und Ergebnisse unter Druck für Internisten abgeholt. Ergebnis: Leichte Schleimhautentzündung nach Magenspiegelung. Über meine Besorgnis »Magersucht« bekam ich eins aufs Dach. Ich bin der Arzt, merken Sie sich das! Antwort: Ja, aber ich bin die Mutter! Inzwischen Mitte Januar, 45 kg. Neuer Hausarzt. Sie hat Seh- und Hörprobleme, Schwin-

del, Konzentrationsschwierigkeiten, fällt in der Schule stark ab, fehlt oft oder muss früher abgeholt werden. Tagsüber schläft sie sehr viel … Blutwert-Ergebnisse miserabel. Neuer Anlauf auf Essstörung wird total abgeblockt. Langsam fange ich an zu verzweifeln. Vitamine, Eisen werden verschrieben, aber den überbehütenden Müttern schenkt man ein müdes Lächeln …

Es gibt auch Mütter, die angeben, nichts gemerkt zu haben und erst durch den Hinweis von außenstehenden Personen aufmerksam geworden zu sein, z.B. wenn die Tochter zum Studieren in einer anderen Stadt lebt und dadurch ihre Krankheit lange Zeit verbergen kann.

Über den Anfang der Krankheit kann ich keine Angaben machen. Wir wurden durch gemeinsame Bekannte, denen sich unsere Tochter anvertraute, informiert … Ich war schockiert und betroffen.

Besonders bei Müttern von rein **bulimischen Töchtern** hängt es sehr von der jeweiligen Situation ab, ob sie etwas merken oder nicht. Verfügt die Tochter über genügend eigenes Geld, um damit ihre Essanfälle zu finanzieren, die sie in aller Regel heimlich abhält, beseitigt sie die Spuren gründlich, dann kann es sehr lange dauern, bis die Mutter aufmerksam wird. Isst die Tochter allerdings den Kühlschrank leer oder bedient sich anderer Vorräte, dann tritt die Essstörung zutage und die Konflikte sind vorprogrammiert.

Ich hatte zu der Zeit Wutausbrüche, weil ich genau wusste, dass ich oder mein Mann die Lebensmittel gekauft hatte, sie waren ja nicht mehr da, spurlos verschwunden. Ich dachte immer, verrückt zu sein.

Fragt man, wie viele Monate zwischen dem Zeitpunkt des Aufmerksamwerdens der Mutter bis zur offiziellen Diagnose Magersucht bzw. Bulimie gelegen haben, so kann nach einem groben Raster gesagt werden, dass ca. die Hälfte der Mütter über einen Zeitraum von einem halben bis zu einem Jahr berichtet, bei der anderen Hälfte dauerte es sogar länger als ein Jahr.

Wie ging es weiter?

Die Wahrnehmungen der Mütter decken sich mit den aus der Fachliteratur bekannten Verhaltensweisen von Betroffenen. Sie sollen hier aber trotzdem kurz dargestellt werden, weil sie die Konfrontation mit den Essstörungen anschaulicher machen als die nüchterne klinische Sprache.

Auffälligkeiten im Ess- und Ernährungsverhalten der Tochter

»Sie aß so gut wie nichts mehr ...«

So registrieren Mütter von **magersüchtigen Töchtern** das Meiden/Ablehnen bestimmter Nahrungsmittel, meist beginnend mit kalorienreichen Nahrungsmitteln wie Kuchen, Süßigkeiten, Fetten (Butter, Sahne, Soßen), Kartoffeln, Nudeln. Allmählich oder auch recht schnell und rigoros – das ist individuell ganz unterschiedlich – werden dann weitere Einschränkungen praktiziert, so dass nur noch kalorienarme Nahrungsmittel wie Knäckebrot, Diätlebensmittel, Joghurt, Magerquark, Obst und Gemüse übrig bleiben. Selbst diese Nahrungsmittel konsumiert die Tochter nur in geringen Mengen, teilweise genauestens (z.B. mit einer Briefwaage) abgewogen. Dazu werden große Mengen Mineralwasser, Tee, Gemüsebrühe, Lightsäfte getrunken.

Erst keine Kartoffeln, Reis, Nudeln mehr, keine Soßen, dann kein Schulbrot mehr.

Sie trank zum Frühstück Wasser, aß trockenes Brot, nahm

Karotten und Gurken mit zur Schule und aß nur kalorienarme Sachen. (Die Liste ist lang.)

Alle Speisen wurden genau geprüft auf den Inhalt und am meisten die Kalorien. Sie wusste alle Kalorienzahlen der verschiedenen Nahrungsmittel. Beim Kochen stand sie hinter mir und beobachtete genau, was ich an Zutaten verwendete.

Mütter von **bulimischen Töchtern** beschreiben den Verzehr großer Mengen z.B. von Käse, Margarine, Süßigkeiten, Schokolade, Keksen. Sie schließen dies aus dem Verschwinden von Nahrungsmitteln oder auch aus dem Auffinden entsprechender leerer Verpackungen. Oft greifen die Töchter, ohne Rücksicht zu nehmen, auf die Vorräte für die Familie zurück. Sie nehmen in Kauf, dass die anderen Familienmitglieder sie als rücksichtslos empfinden und voller Wut darüber sind.

Sie macht das alles heimlich und doch wieder offen. Mit uns zusammen isst sie nicht und leer gegessene Packungen lässt sie offen liegen.

Aber m.E. sind es auch die praktischen Auswirkungen der Bulimie, die einen in den Zustand der Verzweiflung treiben: Vorräte werden radikal weggegessen; riesige Essensberge vertilgt, die Wohnung durchzieht ein ständiger Fettgeruch nach Pommes frites, dann die Geräusche im Bad usw. usw.

Ich kaufe am Samstag ein und Montag habe ich nichts mehr im Kühlschrank, bzw. wenn ich sie frage, sagt sie, ich hätte das nicht kapiert, sie wäre krank.

Nichts Essbares konnte irgendwo stehen bleiben. Im Keller die Einmachgläser, egal, was drin war, mussten dran glauben. War zu Hause nichts Essbares, ging sie in die Stadt und kaufte sich ganze Kuchenberge, um sie irgendwo in sich hineinzustopfen.

Bei mehr als einem Drittel der Betroffenen dieser Befragung haben sich im Laufe der Erkrankung die Symptome vermischt: besonders magersüchtige Töchter halten ihr strenges Hungern nicht mehr durch und zeigen auch bulimische Symptome, so dass typische Verhaltensweisen von **Magersucht** und **Bulimie** auftreten.

Manchmal hat sie Unmengen gegessen und dann wieder ausgespuckt, aber es gab auch Zeiten, in denen sie wenig gegessen hat. Sie hat dafür Unmengen getrunken. Tee ohne Zucker natürlich.

Sie aß und erbrach, aß und erbrach. Lebensmittel, speziell Süßes und Fettes, waren nicht sicher vor ihr. 1 kg Käse konnte schnell gegessen und ebenso schnell wieder erbrochen werden.

Ein weiteres Phänomen ist die gedankliche und auch tatsächliche Beschäftigung der Tochter mit Nahrung.

Aber mich hat schließlich das ewige Kreisen ums Essen wahnsinnig genervt.

Mir fällt auf, dass sie (was sie früher nie interessierte) gerne einkaufen geht, gerne in der Küche hilft, ihr macht alles Spaß, was mit Essen zu tun hat – ohne selbst zu essen.

Weitere Verhaltensweisen sind: Kochen und Backen für andere – möglichst kalorienreich.

Sie kochte für uns und wir nahmen ca. 5–10 kg zu. Das Essen war sehr fett. Sie wurde hysterisch, wenn ich an den Küchenherd wollte.

Sie »bemutterte« die Familie, besonders indem sie kochte und backte, wobei sie nicht einmal zum Abschmecken davon selbst probierte.

Sie fing an, wie eine Mutter für uns zu kochen und zu backen. Nachmittags, wenn wir von der Arbeit kamen, saß sie schon am gedeckten Kaffeetisch, die Kerze brannte ... sie selbst hat aber höchstens mal ein Knäckebrot gegessen.

Sie begann immer stärker uns zu versorgen. »Stopfte« ihre Schwester mit Essen voll.

Mütter berichten auch über das Sammeln von Kochrezepten, über besonders schöne Tischdekorationen, das Einkaufen von Nahrungsmitteln und über Tischgespräche, die durch Kalorienangaben zu jedem einzelnen Nahrungsmittel dominiert werden.
Solche Verhaltensweisen empfinden die meisten Mütter als belastend; sie lassen die Tochter aber gewähren, weil sie glauben, ihr damit zu helfen.

Sie besorgte sich Kalorientabellen und beherrschte unsere Gespräche bei den Mahlzeiten, indem sie zu jedem Bissen die Kalorienangabe lieferte.

Bestimmte Nahrung wurde nicht mehr gegessen. Kalorientabelle. Intensives Interesse an Kochrezepten, ohne sie auszuprobieren. Einführung von Ritualen bei jeder Mahlzeit.

Weiterhin berichten Mütter über Vermeiden oder Ablehnen gemeinsamer Mahlzeiten.

Zu Hause darf ihr beim Essen niemand zusehen, sie macht einen regelrechten Kult daraus.

Sie wollte nicht mit uns zusammen essen; nur flüssige Nahrung.

Lässt sich das gemeinsame Essen nicht vermeiden, so sind magersüchtige Töchter sehr geschickt im Verschwindenlassen von Nahrung in Hosentasche, Serviette, Taschentuch usw. Manche Mütter berichten von Kleinschneiden jeglicher fester Nahrung, zum Teil in winzige Stücke, besonders langsames Essen (z.B. ein Toast in einer Stunde).

Besonders mein Mann konnte beim Essen sehr wütend werden, wenn sie ihre halbe Scheibe Brot in 50 Stückchen zerteilte und jedes davon drei Minuten lang kaute.

Verschiedene Rituale werden praktiziert oder Essen wird wie bei einem Kleinkind auf dem Teller breitgeschmiert. Außerdem registrieren die Mütter das Entwenden, Verstecken, Horten oder Wegwerfen von Nahrung, heimliches Essen und Wutanfälle der Tochter im Zusammenhang mit Essen. Nicht selten bestimmt die erkrankte Tochter den Essensrhythmus und die Essensregeln der Familie und fällt durch rigorose Beurteilung des Essverhaltens anderer Personen auf.

Dazu kam ein pedantisches Verhalten, welches sich dahingehend äußerte, täglich um die gleiche Uhrzeit essen zu wollen, hauptsächlich abends … Sie legte fertige Essensvorschläge für das Wochenende vor.

Neben dem auffälligen Ess- und Ernährungsverhalten registrieren die Mütter eine Reihe von weiteren Verhaltensänderungen.

Veränderungen in Verhalten und Psyche der Tochter

»Sie war sich selbst nicht gut …«

Zunächst fällt auf, dass die Ausführungen der Mütter zu diesem Thema einen weitaus größeren Raum einnehmen als die zum Ess- und Ernährungsverhalten. Diese Verhaltensveränderungen sind offenbar für viele Mütter besonders beunruhigend und vielfach auch schwer verständlich.

Die Wesensveränderung meiner Tochter: Sie – ursprünglich aus meiner Sicht ein glückliches, fröhliches, aufgeschlossenes Kind – verwandelte sich in eine depressive, ichkonzentrierte, bis zu einer Tier (die Katze hatte sie mal sehr gern) und Menschen und sich selbst ablehnenden Persönlichkeit.

Es war ganz schrecklich, zu sehen, dass aus meinem lebenslustigen, kontaktfreudigen und intelligenten Kind ein Wesen geworden war, dass irgendwie nur noch vegetierte, reduziert auf Kalorienprobleme, uninteressiert an allem anderen.

Am häufigsten berichten die Mütter über **Rückzug** der Tochter von den Eltern, von der Familie allgemein, aber auch von Freundinnen und Freunden. Manche Mutter betont ausdrücklich, dass die Tochter vor der Essstörung durchaus vielfältige Kontakte zu Gleichaltrigen hatte, und bedauert den Rückzug ihrer Tochter. Meist sprechen die Mütter von einem allmählichen Sichzurückziehen der Töchter, denn die Kontakte werden mehr und mehr eingeschränkt.

Zog sich von früheren Freunden völlig zurück. Nicht be-

wusst, doch sie konnte sich mit ihnen einfach über nichts mehr unterhalten, da diese sich für das Einzige, wofür sie sich interessierte (Essen/Nichtessen), eben nicht interessierten.

Es war schlimm, mitanzusehen, wie sie sich immer mehr zurückzog; sie traf sich nicht mehr mit ihren Freundinnen, sie stieß auch diese mit ihrem abweisenden Verhalten vor den Kopf. Sie saß entweder allein in ihrem Zimmer oder war auf einer ihrer Fahrradtouren oder stundenlangen Wanderungen.

Sie zog sich von der Familie zurück in ihr Zimmer, lehnte den Gutenachtkuss ab, ließ sich nicht mehr in die Arme nehmen.

Sie zog sich ganz zurück in ihr Zimmer. Sie sprach nicht viel mit uns und hatte kaum Kontakt in der Schule und im Freundeskreis. Sie nahm auch an keinen familiären Kontakten und Unternehmungen teil. Zuletzt saß sie nur noch in ihrem abgedunkelten, fast nur in Schwarz eingerichteten Zimmer.

Sie hatte Phasen, in denen sie völlig unzugänglich war und die Verbindung zu ihr absolut tot war. Keinem Argument war sie aufgeschlossen, sie schwieg manchmal den ganzen Tag, sagte kein Wort und das war für meinen Mann und mich kaum auszuhalten.

Die Töchter entziehen sich den Nachfragen der Mütter und den Äußerungen der Besorgnis auf verschiedene Art und Weise.

So berichten viele Mütter voller Trauer darüber, dass die Töchter Gespräche mit ihnen ablehnen und Hilfsangebote abwehren, sie beschwichtigen und bagatellisieren bis hin zum bewussten Anlügen über ihr Gewicht oder entwendete Lebensmittel.

Ich habe öfter versucht, mit meiner Tochter darüber zu reden, aber sie hat mich dann immer beruhigt und gemeint, andere wären schließlich auch so schlank, und das wäre einzig und alleine ihre Sache, was sie isst. Ihr ginge es gut dabei, sie fühle sich topfit und ich solle mir keine unnötigen Gedanken machen.

… die all dieser Hilfe sich verschloss. Ich habe mich persönlich von ihr bestraft gefühlt, durch all ihr Stehlen, Lügen, Abstreiten, Nichtredenwollen, Nichtredenkönnen, es war und ist schlimm gewesen. Unser Familienleben glich einem von einem Luftangriff völlig zerstörten Haus. Alles kaputt.

Für die Mütter ist das Abgewiesenwerden sehr schmerzhaft. Sie erleben das Verhalten der Tochter nicht als Teil des Krankheitsgeschehens, sondern fühlen sich persönlich und als Mutter abgewertet und in ihrer Sorge nicht ernst genommen.

Viele Töchter sind im akuten Krankheitsstadium so sehr auf sich bezogen, dass sie nicht in der Lage sind, sich auf die Gedanken oder Argumente z.B. der Mutter einzulassen. Es ist kein böser Wille, sondern psychisches Unvermögen. Selbst wenn eine Mutter dieses weiß, ist es für sie doch nicht leicht, ein solches Verhalten auszuhalten.

Ich habe auch noch viel über Wege aus der Magersucht gelesen, aber wir als Mütter kommen ja nicht mehr an unsere Kinder heran, sie nehmen von uns gar nichts mehr an, weder Ratschläge noch Geschenke noch Essen usw. Ich empfinde es immer wieder als sehr schmerzhaft, wenn ich so abgewiesen werde, dann komme ich mir so dumm und nutzlos vor.

Ihr Verhalten änderte sich, sie wurde zurückhaltend, abweisend, einsilbig. Ich hatte das Gefühl, sie wendet sich von mir ab.

Ihr Verhalten mir gegenüber wurde wieder so abweisend und verletzend, dass es bis an die Grenze des Erträglichen ging.

Es gibt aber auch ein gegenteiliges Verhalten: Manche Töchter binden sich eng an ihre Mutter, reden – nach Empfinden der Mütter – sehr viel und sehr einseitig, wollen nur ihre eigene Sicht der Dinge darstellen.

Meine Tochter will über ihre Probleme reden, reden, reden – wird aber gleichzeitig recht aggressiv, wenn man irgendetwas sagt.

Sie bindet sich eng an mich, vertraut mir ständig ihre Gedanken an, auch ihr körperliches Befinden, oft ist kaum ein anderes Gespräch möglich … Sie sieht mich aber weiterhin als einzige Bezugsperson. Engt mich darum sehr ein. Schottet mich vor meinem Mann ab. Fühle mich unfrei.

Andere Mütter wiederum empfinden einen ständigen Wechsel zwischen Wünschen der Tochter nach Distanz oder Nähe, sie sprechen von *Wechselbädern* und *Wechselduschen*, mit denen sie schlecht klarkommen:

Sie sucht immer wieder meine Nähe und stößt mich gleichzeitig ab.

Wenn es ihr gut geht, sie Freunde hat, gibt sie mir zu ver-

stehen, dass sie nicht auf mich angewiesen ist, diese herablassende Art tut mir weh. Ist sie aber am Boden zerstört und braucht vor allem mich, was sie dann auch sagt, dann soll ich alle Zeit für sie einplanen und das entsprechende Geld dazu. Das sind so genannte »Wechselduschen« für mich, die mich ungeheuer belasten. Erfülle ich nicht ihre Wünsche und möglichst auch ihre Gedanken, dann ist sie wortkarg und schnippisch/verletzend in Worten, den wenigen, die sie von sich gibt.

Jede zweite Mutter bemerkt weitere psychische Veränderungen bei der Tochter, wie Stimmungsschwankungen, Depressivität und/oder Aggressivität.

Oft im Bad, unzufrieden, müde, schlechte Laune.

Sie ist übel gelaunt, unkonzentriert, teils wie ein Kleinkind.

Starke emotionale Schwankungen – depressive Phase, alles, was sie bedrückt, wirkt sich aufs Essverhalten aus.

Auch hier werden ein häufiger Wechsel zwischen Depressivität und Aggressivität beschrieben und die Schwierigkeit der Mütter, sich darauf einzustellen.

Sie war sich selbst nicht gut, litt tageweise unter ihrem Zwang, auferlegte Fastentage durchzustehen, dann wiederum unter Schuldgefühlen, weil sie sich wieder »voll gefressen« hatte. Manchmal war sie depressiv, manchmal hochexplosiv, manchmal wartete sie geradezu auf Streicheleinheiten und klagte sie bitter ein, wenn sie sie nicht bekam, manchmal reagierte sie wie eine Furie, wenn man zu ihr gut sein wollte.

Häufig wurde sie aggressiv – vor allem gegen mich, aber auch gegen sich selbst. Sie zerbrach Stühle, Türrahmen, würgte mich und griff häufig zum Messer. Sie war sehr depressiv und weinte viel.

Ich habe Angst, wenn sie morgens aufsteht oder nach Hause kommt. Wie ist die Stimmung?

Ganz besonders belastet sind Mütter durch Selbstmordversuche oder auch Selbstmordgedanken der Tochter (fast jede vierte Mutter berichtet davon).

Ihr ging es nicht gut, das merkte ich bald. Im März verübte sie einen Selbstmordversuch. Ich fand sie mit aufgeschnittener Pulsader.

Weiterhin berichten einige Mütter über Rigidität, Zwangsverhalten, Ängste, Selbstverletzungen und regressive Verhaltensweisen. Einige Beispiele sollen illustrieren, welche Formen diese Symptome annehmen können und in welchem Ausmaß sie das Familienleben beeinträchtigen, wenn man ihnen Raum gibt.

Sie lebte – und auch wir – nach ganz strengem Ritual … Im Verlauf der Magersucht geschah etwas Merkwürdiges mit unserer Familie. Meine Tochter betrat ihr Zimmer über ein Jahr nicht mehr und schlief im Wohnzimmer. Dort mussten Stühle und Tische in einer bestimmten Weise nahe an uns herangerückt werden. So saßen wir jeden Abend. Am Tag hatte ich mich zu bestimmten Zeiten einzufinden. Abends wurden unter strenger Zeiteinhaltung Spaziergänge gemacht, die immer weiter ausuferten und immer schneller wurden … Gespräche mit ihr – ob mit und ohne Druck oder Verzweiflung – verliefen oft so, dass sie weglief. Sie schrie auch hysterisch und blieb in diesem Zustand wie versteinert.

Dadurch, dass unsere Tochter nicht allein sein mochte, konnten wir als Ehepaar nicht mehr allein sein. Wenn mein Mann die Situation kritisierte, meinte unsere Tochter, er habe sie nicht gern. Es war ein ewiges Vermitteln von einem zum anderen.

Konnte keinen Besuch mehr ertragen, wollte mich und meinen Mann für sich alleine haben, vor allem über mich bestimmen. Sie wurde unselbstständiger in vielen Bereichen.

Ein weiteres Thema ist das Leistungsverhalten der Töchter. Besonders Mütter von magersüchtigen Töchtern registrieren auffällig leistungsbezogenes Verhalten bezüglich sportlicher Aktivitäten, und die meisten Mütter erkennen auch, dass dieses Verhalten nicht normal ist.

Ungeheurer Bewegungsdrang – riesige Fahrradtouren bis zur totalen Erschöpfung, bei ca. 34 kg, Schlaflosigkeit, Hundespaziergänge um 4.30 Uhr!

Ab Januar Beginn mit Leistungssport. Leichtathletik, ständige Steigerung der Trainingseinheiten ins Extreme.

Verschiedentlich wird auch besonderer Ehrgeiz auf dem Gebiet der schulischen Leistungen registriert:

Jetzt ist sie ein Kind, was nur noch lernt, nur noch gute Noten schreibt, immerzu sich in ihr Zimmer verkriecht und entweder lernt oder liest. Aber freuen tut sie sich über ihre guten Noten auch nicht.

Mancher Mutter ist es wichtig, zu betonen, dass dieses besonders leistungsorientierte Verhalten der Tochter von den Eltern nicht gewünscht oder gefördert wurde.

Allerdings scheint bei einer Reihe von Familien ein hohes Leistungsniveau üblich und ganz alltäglich zu sein. Da sie sich in der Regel in einem Umfeld bewegen, in dem andere Familien sich ebenso verhalten, sind sie sich ihrer hohen Maßstäbe gar nicht bewusst und ebenfalls nicht, dass sie ein Kind damit überfordern können und speziell diese Tochter vielleicht auch in bester Absicht überfordert haben.

Andere Mütter wiederum sprechen durchaus von eigenen intellektuellen und musischen Anforderungen an die Tochter, die diese auch erfüllt hat – wie es schien ohne Mühe. Allerdings scheint der Ehrgeiz der Tochter dann im Zusammenhang mit der Essstörung noch einmal zuzunehmen.

Leistungsverminderungen werden ebenfalls berichtet. Wenn bei bulimischen Töchtern eine Leistungsverminderung auftritt, so ist diese eher durch Schwänzen, Vernachlässigen oder Abbruch der Schule oder Ausbildung hervorgerufen, während bei magersüchtigen Töchtern meist Konzentrationsstörungen als Folge eines kritischen Gesundheitszustandes zugrunde liegen.

Ein großes Problem war das Nachlassen ihrer Leistungsfähigkeit in der Schule. Sie hat mir einmal gesagt, ihr sei jedes Maß abhanden gekommen. Sie könne nicht mehr einschätzen, welche Ansprüche sie an sich stellen könne, und sei selbst bei zufriedenstellenden Leistungen höchst unzufrieden. Oft kam es dann auch zu physischen Konzen-

trationsschwächen und einer Unfähigkeit, Angefangenes zu Ende zu führen.

Sie klagte über erhebliche Konzentrationsschwierigkeiten, war nicht fähig, ein Buch zu lesen ... An der Uni hatte sie Schwierigkeiten, längere Zeit ruhig vor den Klausuren zu sitzen.

Fällt in der Schule stark ab, fehlt oft oder muss früher abgeholt werden.

Weiterhin registrierten einige Mütter Medikamentenmissbrauch, übermäßigen Alkoholkonsum, Verzehr von Drogen, Stehlen.

Sie hat sich lange Zeit alles in meiner Wohnung geholt, wenn ich nicht zu Hause war, alles Essbare, Alkohol und meine Tabletten, die ich jetzt nach meiner Schilddrüsenoperation nehmen muss, die hat sie mehrmals täglich geschluckt, damit sie Schilddrüsenüberfunktion bekam und so noch mehr abnahm. Nichts war mehr sicher. Jetzt muss ich immer alles abschließen.

Die Töchter gewinnen eine große Macht über das Familienleben. Durch ihr Bemühen, alle Voraussetzungen für eine Besserung des Zustands der Tochter zu schaffen, geraten viele Mütter unter großen Druck.

Die dauernde Belastung des Konzentrierens, nichts verkehrt zu machen, macht mir im Augenblick sehr zu schaffen, zumal ich das Gefühl habe, dass alles bei mir alleine liegt und ich für alle Erfolge bzw. Misserfolge (bei kleineren Gewichtsschwankungen) verantwortlich bin. Wenn eine einigermaßen ruhige Atmosphäre in unserer Familie herrscht, sind auch die Erfolge, was die Zunahme des Gewichts betrifft, größer, sowie aber irgendwelche Unruhen bestehen, bedingt durch Besuch von Bekannten oder Freunden unserer älteren Tochter und die damit verbundene nicht mehr gewährleistete Kontinuität des Tagesablaufes, ist eine deutliche Verschlechterung des Allgemeinzustandes meiner Tochter zu sehen. Dies bedeutet für mich wiederum, dass ich unter Aufbietung meiner zum Teil fast nicht mehr vorhandenen Kraft versuche, alles auf ein Minimum an Unruhe zu bringen. Daher kommt es dann, dass es, bei einer oft belanglosen Situation, zu einer Auseinandersetzung zwischen meiner Tochter und mir kommt.

Nicht nur die psychischen Symptome und die Änderungen im Verhalten machen den Müttern zu schaffen, sondern auch das Erleben der körperlichen Folgen der Essstörung.

Physische Folgen der Essstörung

»Wie ein Skelett mit bisschen Haut drüber ...«

Was in der Fachliteratur selten beschrieben, in den Ausführungen der Mütter von **magersüchtigen Töchtern** aber sehr deutlich wird, ist die belastende Auswirkung des Anblicks der Tochter im Zustand einer gravierenden Auszehrung. Da sind einerseits die von einem ausgemergelten Körper ausgehenden Signale nach Hilfe sowie der fast übermächtige Wunsch der Mütter, einzugreifen und zu helfen, und andererseits die Weigerung der Tochter, diese Hilfe anzunehmen. Diese Verknüpfung von Sehen (Einsicht in den Zustand der Tochter) und

Zusehen (im Sinne von Ausgeschlossensein und Hilflosigkeit) ist für viele Mütter kaum zu ertragen.

Wie aus einem erblühenden jungen Mädchen von 54 kg auf 1,72 m langsam eine »alte Frau«, ein Gerippe wurde ...

Ich hatte sie unter der Dusche überrascht, und sie sah aus wie die KZ-Häftlinge, die man von den Bildern über die Befreiung kennt.

Ihr Anblick war kaum zu ertragen, sie war nur noch ein Skelett.

Wenn ich sie im Schlafanzug oder nackt sehe – wie ein Skelett mit ein bisschen Haut drüber. Da könnte ich aufschreien und sie schütteln.

Den ausgezehrten Körper meiner Tochter im Bikini! ansehen zu müssen und mit ansehen zu müssen, wie sie ihre Haare verlor.

Weiterhin werden von den Müttern einige entsprechend dem klinischen Bild der Essstörungen bekannte Komplikationen genannt: Herz-Kreislauf-Probleme, Ödeme, Haarausfall, Probleme des Verdauungstraktes, Ausbleiben der Periode, um nur einige zu nennen.

Auch der körperliche Verfall war schrecklich, meine überaus sportliche Tochter kam kaum noch die Treppe zu ihrem Zimmer hoch, die Haare gingen aus, sie schlief kaum noch, konnte nicht mehr sitzen usw.

Sie hat Seh- und Hörprobleme, Schwindel, Konzentrationsschwierigkeiten ...

Unsere Tochter pendelt zwischen 34 und 36 kg, ist auf 200 Kalorien täglich angekommen. An Schule ist nicht mehr zu denken, dazu ist sie schon viel zu schwach.

Während diese Auswirkungen der Magersucht unverkennbar sind, sind die physischen Auswirkungen der **Bulimie** unauffälliger, können aber auch sehr problematisch werden, wie z.B. Elektrolytentgleisungen, die zu Herzrhythmusstörungen und Nierenschäden führen können oder Schäden an Zähnen und Speiseröhre oder Schwellung der Speicheldrüsen, Menstruationsunregelmäßigkeiten oder Ausbleiben der Regelblutung.

Sowohl das symptomatische Essverhalten, die psychischen Auffälligkeiten als auch die physischen Folgen belasten nicht nur die betroffene Tochter, sondern die gesamte Familie, besonders aber das Verhältnis zwischen Mutter und Tochter. Wie beurteilen die Mütter das Verhältnis zu ihrer Tochter in dieser Zeit? Darauf soll im Folgenden eingegangen werden.

Verhältnis zwischen Mutter und Tochter

»Es ist zurzeit sehr schwierig, mit ihr umzugehen …«

In den Antworten der Mütter spiegelt sich das ganze Spektrum an Möglichkeiten im Verhältnis zur Tochter wider. Die meisten Mütter hatten vor der Erkrankung der Tochter ein gutes Verhältnis zu ihr. Im Laufe der Erkrankung gab es dann viele Facetten. Das vielschichtige Verhältnis Mutter/Tochter reicht von Aussagen wie »völlig zerstört« bis zu »nach wie vor eng und herzlich«.

Es wird sichtbar, dass das Verhältnis Mutter/Tochter beeinflusst wird von der Dauer der Erkrankung, vom Gesundheitszustand der Tochter und von der Ausprägung ihrer Symptome.

Ebenfalls spielt es eine Rolle, ob die Tochter noch im Elternhaus lebt, ob sie in Therapie ist oder in der Klinik, und auch, ob sie finanziell von ihren Eltern abhängig ist. Aber auch das eigene Befinden und die Belastbarkeit der Mutter spielen eine Rolle.

Es ist nachzuvollziehen, dass die meisten Mütter das Verhältnis zu ihrer Tochter – besonders in der Akutphase der Erkrankung – als angespannt und schwierig bezeichnen.

Ich betrachte sie wie ein Pulverfass. Objektiv gesehen ist sie ein sehr kompetentes Kind, aber ich weiß, dass sie zu allem fähig ist, um ihren Willen und ihre Vorstellungen durchzusetzen. Notfalls auf Kosten aller anderen.

Unser Verhältnis ist aus meiner Sicht völlig zerstört. Ich kann zurzeit kaum etwas Positives mit meiner Tochter ver-

binden ... Wir leben in einem ständigen Spannungszustand. Ich habe manchmal regelrecht Angst vor den Ausbrüchen meiner Tochter.

Das Verhältnis ist natürlich alles andere als gut. Es ist gerade mal tragbar, wenn ich überhaupt nichts sage, wenn ich mich ganz ruhig verhalte und alles stillschweigend akzeptiere.

Das Verhältnis zwischen meiner Tochter und mir ist zurzeit gestört. Sie will nicht mit mir reden.

Andererseits gibt es auch Mütter, die das Verhältnis zur Tochter als zu eng empfinden und der Ansicht sind, dass sich die Töchter zu dicht an sie anlehnen.

Oft gereizt: Sie klammert weiterhin sehr an mir, will mir alles recht machen, und ich weiß nicht, wie ich sie weg von mir auf den richtigen Weg lenken kann, ohne sie von mir wegzustoßen.

Meine Tochter und ich verstehen uns sehr gut. Ich frage sie um Rat und sie mich. Trotzdem glaube ich, dass wir zu eng miteinander verbunden sind.

Eine Reihe von Müttern beschreibt, wie im Krankheitsverlauf das Verhältnis langsam wieder besser geworden ist, häufig auch durch eine räumliche Trennung begünstigt, z.B. durch einen Klinikaufenthalt der Tochter, Aufenthalt in einem Internat, Studium oder Berufsausbildung in einer anderen Stadt mit eigener Wohnung.

Das Verhältnis ist z.Zt. sehr entspannt, da meine Tochter seit ca. zwei Monaten ausgezogen ist; wenn wir uns sehen, freuen wir uns. Vorher war das Verhältnis meistens entspannt, zwischendurch kam es aber immer wieder zu Zusammenstößen, auch wegen der Bulimie und der sich daraus ergebenden Folgen (leerer Kühlschrank usw.).

Wir haben Verständnis füreinander. Sie kommt nicht mehr so häufig nach Hause. Während früher die Atmosphäre grauenhaft war, sind wir jetzt gern zusammen und ich kann sie leichten Herzens wieder gehen lassen.

Spontaner Entschluss für die Internatsschule. Seitdem hat die Loslösung große Fortschritte gemacht ... Mit dem Eintritt ins Internat entkrampfte sich unser Verhältnis, heute würde ich es als gut bezeichnen. Sie ist mitteilsam, obwohl sie weiß, dass ich ihre abnormen Gedankengänge und kindlichen Verhaltensformen nicht nachvollziehen kann. Mir ist es gelungen, zweigleisig zu sehen: hier meine Tochter – dort die Krankheit. Gelegentlich Wut, aber mehr Mitleid und Angst.

Eine ganze Reihe von Müttern empfindet das Verhältnis als ambivalent.

Nach einigen Krächen und viel Eigenarbeit der Mutter Beginn einer neuen Plattform – Verhältnis besser, aber noch Zeit notwendig, Schwankungen zwischen zu viel Nähe und zu viel Distanz.

Ich freue mich, wenn sie uns besucht. Habe aber innerlich Angst, dass sie wieder ausrastet, dass es ihr nicht gut geht. Wir telefonieren oft miteinander. Meist aber nur, wenn sie sich schlecht fühlt. Ich wünschte mir auch mal das Umgekehrte.

Unsere Beziehung ist offen, herzlich und schön – die meiste

Zeit. Sie kann sehr zickig und verletzend sein, und das mag keiner.

Einige Mütter beschreiben, dass die finanzielle Abhängigkeit der Tochter (und wie sie damit umgeht) das Verhältnis zusätzlich belastet:

Das ist eine Frage, die sich schwer beantworten lässt. Dadurch, dass sie keinen festen Beruf hat (und körperlich und seelisch nicht belastbar ist), ist sie auf uns (meinen Mann und mich) finanziell angewiesen. Diese Abhängigkeit erschwert unser Verhältnis.

Mein Unwillen kommt oft durch, da sie nicht arbeitet, sondern von der Sozialhilfe lebt und ich Unterhalt zahlen muss … Oft kommt mein Mitleid durch, dann gebe ich wieder Geld. Obwohl es mich ärgert und ich auch weiß, dass es falsch ist.

Während bei der ersten Befragung die Antworten der Mütter in Richtung »angespannt«, »schwierig«, »ambivalent«, »zu distanziert« oder im Gegenteil »zu wenig abgelöst« überwogen, zeigt sich am Ende des Befragungszeitraums nach sechs Jahren ein anderes Bild.

Gut zwei Drittel der Mütter, die an Befragung III teilgenommen haben, geben an, dass sich das Verhältnis Mutter/Tochter im Laufe der Zeit wieder entspannt und harmonisiert hat. Dieses ist besonders dann der Fall, wenn die Tochter wieder gesund wurde oder zumindest eine deutliche Verbesserung der Gesundheit und damit auch der Symptome eingetreten ist.

Heute habe ich ein gutes Verhältnis zu meiner Tochter.

So gut wie vor Ausbruch der Krankheit.

Wir können inzwischen über alles – auch was früher war – reden … Sie sagt mir, dass sie sich über meine Anrufe freut – sie möchte auch mit mir zusammen etwas unternehmen – das Verhältnis ist wirklich gut. Sie lässt sich auch von mir umarmen – das ging während ihrer Krankheit überhaupt nicht.

Nach diesem harten Jahr, das an uns allen nicht spurlos vorbeigegangen ist, schauen wir nur noch voraus, nicht zurück. Unser Verhältnis hat sich trotz aller Probleme positiv entwickelt. Wir können besser miteinander umgehen.

Nach wie vor trägt eine räumliche Trennung zur Entspannung des Verhältnisses Mutter/Tochter bei.

Meine Tochter lebt nicht mehr zu Hause, was sehr viel zu einem recht entspannten Verhältnis beigetragen hat. Es ist oft ein Verhältnis wie zwischen zwei Erwachsenen, die vieles gemeinsam bereden, nicht mehr das Mutter-Kind-Verhältnis.

Dieses empfindet eine Reihe anderer Mütter ebenso. Das Verhältnis ist gut. Die Mütter betonen, dass es sich gegenüber früher verändert hat, es ist distanzierter geworden, was die meisten Mütter begrüßen, also ein partnerschaftlicheres und erwachseneres Verhältnis.

Wieder gut; nach einer Phase, in der sie mich absolut abgelehnt hat, suchte sie wieder ein normales Mutter-Tochter-Verhältnis. Das haben wir auch wieder, wenn auch distanzierter als vorher – es ist gut so.

Da ich sehr religiös bin, glaube ich fest, dass meine Tochter und ich durch die Krankheit eine andere Basis und hoffentlich eine bessere Form des Miteinanderumgehens gefunden haben. Ich bemühe mich sehr, in ihr nicht mehr die Tochter zu sehen, sondern eine junge Frau, die ihren eigenen Weg sucht, auch wenn es nicht immer meinen Ansichten (oder denen meines Mannes) entspricht.

Die Beziehung ist immer noch eng – aber sie lässt jedem von uns die Freiheit.

Unser Verhältnis ist partnerschaftlicher geworden.

Es könnte nicht besser sein. Wir können über alles reden, wir akzeptieren uns, so wie wir sind. Eigentlich ist jetzt alles in Ordnung.

Wir können heute sehr gut als erwachsene Menschen miteinander umgehen, indem jeder dem anderen seinen Freiraum lässt.

Man kann daraus ableiten, dass Töchter und Mütter einen Entwicklungsschritt getan oder nachgeholt haben, der in allen Familien mit jungen Frauen und Männern fällig ist. Jugendliche müssen sich von ihrem Elternhaus ablösen und selbstständig werden.

Darüber hinaus wird deutlich, dass Mütter in ihrem Verhältnis zur Tochter ganz bewusst daran arbeiten, sich zurückzunehmen, der Tochter Eigenverantwortung zu übertragen, und diese auch von ihr einfordern.

Ich freue mich, wenn sie anruft, telefoniere von mir aus aber so selten wie möglich. Ich freue mich über das Vertrauen, das sie zu mir hat, frage aber nie, wenn sie nicht von sich aus erzählt.

Das Verhältnis zwischen meiner Tochter und mir ist gut. Außerdem versuche ich mich mehr zurückzunehmen, was sie auch als positiv ansieht.

Das Verhältnis ist und war immer ausgezeichnet. Wir bemühen uns jetzt aber beide um mehr Distanz. Sie hat eingesehen, dass sie Probleme selbst lösen muss, ich habe eingesehen, dass es ihr mehr hilft, wenn sie das erst einmal selbst versucht, anstatt dass ich immer sofort zu Hilfe renne.

Ruhiger, ich akzeptiere ihre Krankheit, unterstütze sie aber nicht. (Schließe die Nahrungsmittel weg, gebe ihr trotz Schulden kein zusätzliches Geld.)

Offenes und ehrliches Miteinanderumgehen:

Mit meiner Tochter habe ich ein sehr gutes Verhältnis. Wir reden sehr viel miteinander. Wir haben gelernt, den anderen zu akzeptieren und die Probleme miteinander zu besprechen und nichts unter den Teppich zu kehren.

Es ist jetzt sehr gut, vielleicht auf eine tiefere Ebene verlagert; Probleme werden mehr thematisiert.

Auch andere Mütter betonen das gegenseitige Vertrauen.

Sehr herzlich, rücksichtsvoll, verständnisvoll, vertrauensvoll.

Sehr vertrauensvoll und liebevoll von beiden Seiten.

Aber es gibt auch noch schwierige Beziehungen.

Unser Verhältnis bewegt sich in eine freundschaftliche Richtung. In Kunst und Kreativität haben wir regen Austausch. Ich erlebe jedes Gespräch mit Angst. Oft trösten wir uns gegenseitig, wenn einer von uns den Mut verliert. Trotzdem versuche ich Angst zu verbergen. Auch Thema »Fressen, Kotzen« so wenig wie möglich zu berühren. Muss aber immer noch weiterlernen. Mein Ziel: So viel Normalität wie möglich als Grundlage zu schaffen. Leidiges Thema: Ihre Geldknappheit. Helfe oft aus (Fressen ist teuer), habe mir aber einen Endzeitpunkt gesetzt: Nach Beendigung des Studiums. Lasse es sie nicht wissen. Will keine Panik und keinen Druck verbreiten. Weiß aber, dass meine Nachgiebigkeit falsch ist, ist aber auch durch meine Angst, das letzte bisschen Normalität könnte aufhören, begründet.

Ich bin immer noch traurig, dass meine Tochter nicht normal ist. Das Leben mit ihr ist schwierig. Großen Liebesbeweisen folgen die Auseinandersetzungen um Lebensmittel, Badnutzung usw. Das Vertrauen ist geringer geworden zwischen uns. Aber da ich mich immer noch für sie verantwortlich fühle, kann ich es nicht dazu bringen, sie vor die Tür zu setzen.

Wir können sehr offen miteinander reden per Telefon. Besuchen wir uns, benötigen wir viel Zeit, um uns näher zu kommen. Fünfzig Prozent unserer Begegnungen sind gut, fünfzig Prozent katastrophal.

Verdränge den Gedanken an meine Tochter, da ich weder helfen noch etwas ändern kann. Habe aber darüber natürlich eine ständige untergründige Trauer. Wir (d.h. in meiner Familie) hatten und haben regen Gefühlsaustausch, der mit dieser Tochter nicht mehr möglich ist.

Sie hat sich von uns, von mir total abgenabelt, möchte nichts mit uns zu tun haben, meldet sich nur, wenn sie was braucht (Geld, Hilfe bei schriftlichen Dingen wie Arbeitsamt, Sozialamt, Anträgeausfüllen).

Das Verhältnis könnte besser sein, ich finde es sehr distanziert, erlebe meine Tochter als sehr egoistisch, was und wie sie Dinge (Finanzen) einfordert.

Bei einigen wenigen Müttern ist der Kontakt zur Tochter abgebrochen.

Kontakt total abgebrochen.

Ich habe keine Beziehung zu meiner Tochter.

Man muss sich allerdings auch vor Augen halten, dass die Töchter sich zumeist ohnehin in einer Phase der Ablösung vom Elternhaus befinden. Das geht in vielen Familien nicht ohne Schwierigkeiten vonstatten – große Distanz, als egoistisch erlebtes Verhalten oder auch Kontaktabbruch sind da so ungewöhnlich nicht.

Teil II

Was bedeutet die Krankheit für die Mütter?

2

Warum?

»Diese Frage lastet wie Steine auf mir …«

Erklärungsversuche der Mütter

»Warum-Fragen« suchen Antworten zur Erklärung von Ereignissen im Leben von Menschen. Sie sind umso drängender, je wichtiger das zu erklärende Ereignis für die betreffende Person ist. Die gefundenen Erklärungen sind von Bedeutung, weil sie Auswirkungen auf nachfolgende Emotionen und auf Selbstachtung und Selbstwertgefühl haben. Handelt es sich um negative Ereignisse, können sie sehr belastend sein, besonders wenn ein solches Ereignis gegen persönliche Wertvorstellungen und Normen verstößt und wenn die Person sich selbst dafür verantwortlich macht. Es kann Schuld und Scham hervorrufen.

Warum tut sie das? Habe ich den Schlüssel dazu? Welche Schuld trifft mich, wo habe ich versagt? Was unterlassen? Zu viel! Zu wenig? Warum! Wie groß ist mein Anteil, was habe ich zu dieser Entwicklung mit meiner Erziehung beigetragen? Quälende Fragen ohne Antwort.

Oft habe ich mich gefragt, warum gerade uns das passiert, … wo lief was schief? Wo haben wir versagt? Immer wird von Problemen zwischen Mutter und Tochter gesprochen.

Wo lag bei mir der Fehler? Bergeweise habe ich bereits Bücher über ihre Krankheit verschlungen. Warum macht meine Tochter diese Selbstmordversuche? Diese Frage liegt wie Steine auf mir.

Das negative Ereignis ist hier die Essstörung der Tochter. Es stellt ein hohes Lebensziel der Mütter in Frage, nämlich ihr Kind zu einem lebenstüchtigen Menschen zu erziehen, und macht darum die »Warum-Fragen« besonders nachhaltig und quälend.

Ein auffallendes Merkmal bei der Beantwortung dieser Frage ist die Unsicherheit, die in den Formulierungen vieler Mütter zum Ausdruck kommt. Mütter finden Erklärungen, aber nichts befriedigt sie wirklich.

Zu enge Bindung an mich? Kein gutes Verhältnis zu ihrem Vater? Mit knapp vierzehn Jahren hat sie angenommen, ich wäre schwanger? Ich weiß eigentlich nicht den richtigen Grund.

Ich weiß, dass ich viel falsch gemacht habe, kann aber nicht konkret sagen: Das und das ist es gewesen.

Nicht mit Gewissheit. Sie möchte vielleicht anders sein als ich.

Viele Gründe (ich weiß nicht, ob sie zutreffen).

Ich habe mich viel damit auseinander gesetzt und ich bin heute auch noch nicht dahintergekommen. Warum das alles! Ich glaube, es sind viele Faktoren, die aufeinander treffen.

Lediglich eine einzige Ursache für die Erkrankung der Tochter nennen ca. zehn Prozent der Mütter. Neun von zehn Müttern finden jedoch komplexe Erklärungen. Auch dieses Ergebnis deutet darauf hin, dass die Erkrankung der Tochter von hohem Erklärungsbedürfnis für die Mütter ist und vielfältige Überlegungen auslöst.

Es ist auch zu beachten, dass sich solche Erklärungen stets in der Auseinandersetzung mit öffentlich diskutierten oder auch wissenschaftlichen Ursachenerklärungen entwickeln. Inwieweit sind die geäußerten Gedanken in den Erklärungen der Mütter das Ergebnis einer zum Teil langjährigen Auseinandersetzung mit entsprechender Literatur, Therapeuten-Gesprächen oder Gesprächen im Freundeskreis? So geben ca. siebzig Prozent der Mütter an, sich zum Teil sehr umfangreiche Informationen über Bücher und Zeitschriftenartikel – wissenschaftliche und populärwissenschaftliche – zum Thema Magersucht und Bulimie beschafft zu haben, und es kann unterstellt werden, dass diese die Erklärungen der Mütter mit beeinflusst haben – eventuell auch in Abgrenzung zu diesen.

Am häufigsten beziehen die Mütter ihre Erklärungen auf **die Person der Tochter**, und zwar:
- Persönlichkeitsentwicklung: Es geht um ein zu geringes Selbstwertgefühl, zu wenig Selbstbewusstsein der Tochter, Identitätsprobleme, etwas Besonderes sein wollen, Kontaktprobleme zu Gleichaltrigen, Ablöseprobleme der Tochter, nicht erwachsen werden wollen, Pubertätsprobleme, Ablehnung der weiblichen Rolle.

Meine Tochter hat kein Selbstwertgefühl. Ihre Forderungen an sich selbst sind meist zu hoch. Sie war immer sehr verschlossen.

Schon immer übergroße Sensibilität der Tochter.

Große Sensibilität der erkrankten Tochter (Mittelstandskind), Ichbezogenheit, zu gering ausgeprägtes Selbstbewusstsein, sehr früh einsetzende Pubertät und körperliche Veränderungen.

Unsere Tochter war ein absolutes Musterkind, hochintelligent, künstlerisch sehr begabt, sehr lieb, immer vorbildlich, ehrgeizig, immer darauf bedacht, die intellektuellen Ansprüche, die ihr Vater an sie stellte, und die musikalischen Ansprüche, die ich an sie stellte, zu erfüllen, was ihr auch vollauf gelang. Sie hat nie negative Gefühle gezeigt. Ihre Krankheit war wohl ein äußerst schmerzlicher Loslösungsprozess und ein Kampf gegen ihre Abhängigkeiten uns gegenüber.

Da komme ich immer auf den gleichen Punkt: Sie möchte das liebe, nette Mädchen sein und bleiben, von allen geliebt und anerkannt. Am liebsten auch der Mittelpunkt sein. Kritik an ihrer Person, gleich welcher Art, konnte und kann sie nur sehr schlecht wegstecken ... Ich glaube auch nun noch, dass sie einfach ANGST vor dem Erwachsenwerden hatte.

Will lieber ein Junge sein, Ablehnung der Frauenrolle.

- Unzufriedenheit mit Figur und Gewicht.

Meine Tochter fand sich zu mollig, bemängelte immer wieder ihre dicken Oberschenkel.

Fühlte sich schon als Kleinkind zu dick, war nie zufrieden mit ihrem Aussehen. Als Schulkind auch gehänselt (dicker Popo).

- Ablehnung/Unsicherheit bzgl. Sexualität/Männern

Zu frühe sexuelle Erfahrungen.

Unsicherheit in der Sexualität.

Auffällig ist, dass das Thema »sexueller Missbrauch« nur von drei Müttern thematisiert wird. Dieses ist ein Ergebnis, das von verschiedenen Angaben in der Literatur abweicht.

Am zweithäufigsten nennen Mütter Gründe innerhalb der **Familie/Ehe**. Als wichtigste Inhalte konnten herausgearbeitet werden:

- Familieninteraktion: Die hier erfassten Erklärungen werden von den Müttern nicht auf eine bestimmte Person bezogen, sondern beispielsweise auf ein allgemein angespanntes Familienklima oder Spannungen in den Familienbeziehungen und auf spezifisches Erziehungsverhalten, das hier als elterliches Erziehungsverhalten beschrieben wird. Dies können sein: Unterschiede in der Erziehung zwischen Mutter und Vater, zu strenge, autoritäre Erziehung, Überforderung durch zu frühe Übertragung von Pflichten.
Ferner geht es um Probleme der Zurücksetzung gegenüber Geschwistern oder um Gefühle der Eifersucht der betroffenen Tochter den anderen Geschwistern gegenüber – aus Sicht der Eltern berechtigt oder unberechtigt. Auch äußern etliche Mütter die Vermutung, die Tochter wolle durch ihr Essverhalten mehr Aufmerksamkeit gewinnen, mehr Macht innerhalb der Familie. Probleme durch Großeltern oder einen Großelternteil oder andere Verwandte werden von einigen Müttern ebenfalls thematisiert.

Nicht genügend Geborgenheit und Liebe in unserer Familie.

Eifersucht auf die Schwester, von klein auf.

Vermutlich zu frühe Anforderungen an das Pflicht- bzw. Verantwortungsbewusstsein und teilweise zu starke Unterschiede zwischen mir und meinem Mann in der Erziehung. Außerdem leben drei Generationen unter einem Dach.

Gereiztes Familienklima.

- Eheliche Probleme: Es werden allgemeine Eheprobleme angesprochen, zum Teil durch zu großes berufliches Engagement des Vaters bedingt, außerdem Scheidungen oder auch Probleme im Zusammenhang mit einer Wiederverheiratung.

Eheliche Probleme wollte sie wahrscheinlich »kitten« durch die Sorge, die sie jetzt schafft.

Eheliche Konflikte (Vater sehr egozentrisch).

Keine gute Partnerschaft zwischen meinem Mann und mir, sie wollte mir immer beistehen und fühlte sich für mich verantwortlich.

Durch mein Stillhalten (wegen der Kinder) in der Ehe (an der Ehe) war mein Verhalten sehr undurchsichtig. Im Nachhinein kann ich nur sagen, eine Scheidung wäre offener und klarer gewesen.

An dritter Stelle nennen die Mütter Erklärungen, die sich auf **die eigene Person** beziehen. Als wesentliche Inhalte werden folgende Punkte deutlich:

- Verhältnis Mutter/Tochter, Ablösung: Es wird ein zu enges Mutter-Tochter-Verhältnis beschrieben, das auch Überbehütung mit einschließt und eine Ablösung erschwert. Auch zu große Verwöhnung und Nachsichtigkeit werden thematisiert und Gedanken, dadurch das Selbstständigwerden der Tochter verhindert oder behindert zu haben. Hier fällt auf, dass die Themen eines zu engen Verhältnisses, also der Abgrenzung und Ablösung, fast ausschließlich als Mutter-Tochter-Probleme gesehen werden, nur in einem Fall als Familienproblem. Ferner wird die Einbeziehung der Tochter in mütterliche Probleme thematisiert, die diese überforderten.

Eine zu enge Bindung an mich: durchlebt Probleme, die ich bei mir unterdrückt habe.

Zu enge Mutter-Tochter-Beziehung (Freundin-Modell!).

Die übertriebene Fürsorge von meiner Seite.

Diese Tochter war früh meine »Vertraute« und damit überfordert.

Vielleicht habe ich sie auch viel mit meinen eigenen Problemen belastet.

Ich denke, ich war zu sehr die dominierende Mutter und habe den Ablösungsprozess aufzuhalten versucht.

- Ebenfalls wird ein nicht gelungenes Vorbildverhalten der Mutter angesprochen. Einige Mütter thematisieren ihr eigenes Diätverhalten, ihr Verhältnis zu Mode und Körper als schlechtes Vorbild oder auch ihr eigenes Verhalten als Ehefrau und Mutter. Andere Mütter glauben, dass ihre Töchter auf keinen Fall so werden wollen bzw. so leben wollen wie sie, z.B. wegen ihres schwierigen, entbehrungsreichen Lebens (Versorgung eines behinderten Geschwisterkindes u.Ä.).

Negative Beispiele der älteren Schwester und Mutter, die häufig Kalorien zählten, übermäßige Beschäftigung mit Essen/Nichtessen der weiblichen Mitglieder der Familie.

Das Leben, das ich als Frau führte und führe, ist für meine Tochter nicht erstrebenswert. Deshalb möchte sie keine Frau werden (so denke ich jedenfalls).

Mein Modefimmel, übertragen auf sie, mein und ihr Stolz auf ihre gute Figur (mit 15/16 J.), ihre frühreife Figur, große Oberweite, schmale Taille, zu starke Identifikation und Nähe zu ihr, Auseinanderleben mit meinem Mann – Projektion meiner Wünsche auf sie – ich war immer mit Arbeit überlastet (Beruf und Haushalt).

- Nicht nur übertriebene Fürsorge, auch das Gegenteil, nämlich ein Mangel an Aufmerksamkeit und emotionalem Gefühlsausdruck wird thematisiert.

Ich kann meine Liebe zu meiner Tochter nicht zeigen.

Negative Kindheitserlebnisse und dominantes Mutterverhalten meinerseits, vielleicht zu wenig Liebe und Zuwendung.

Erst nachdem ich mich mit der Krankheit beschäftigte, ist mir klar geworden, dass ich mich mehr mit meinem Sohn beschäftigt hatte als mit meiner Tochter. Bei ihr schien alles so einfach. Sie hatte keine Probleme in der Schule, während mein Sohn ständig Schwierigkeiten hatte.

- Einige Mütter beschreiben sich als (zu) starke Mütter, die alles im Griff haben, schnell Lösungsvorschläge bei Problemen zur Hand hatten und dadurch der Tochter zu wenig Entfaltungsmöglichkeiten gegeben haben.

Ich glaube auch, dass sie mich als »zu starke Mutter, die alles schafft« einschätzt.

Zu starke, tatkräftige und dominierende Mutter, die ihre ganzen Aktivitäten in die Erziehung der Kinder steckte.

An vierter Stelle stehen Erklärungen, die sich explizit auf den **Vater** beziehen. Es werden häufige Abwesenheit des Vaters durch übermäßiges berufliches Engagement, Kontaktreduzierung oder -abbruch durch Scheidung oder Trennung oder auch autoritäres, unsensibles Verhalten des Vaters angeführt.

Tochter leidet unter mangelnder Einfühlung des Vaters.

Die Tochter litt unter der Autorität ihres Vaters jahrelang.

Gestörtes Verhältnis zum Vater, fühlte sich nie ernst genommen und akzeptiert von ihm.

Die Gründe liegen innerhalb der Familie, besonders bedingt durch die Stellung und das Verhalten des Vaters (meines Ehemanns), der seine berufliche »Chefposition« in die Familie und Ehe hineingetragen hat. Im Grunde ist er krank und hat die Krankheit auf die Familie übertragen. Ich hätte mich wehren müssen!

Passivität des Vaters in der Familie, alle Kraft und Zeit wurden in den Beruf investiert. Dadurch unausgesprochene Unzufriedenheit, viele unterschwellige Spannungen.

Es könnte sein, ich weiß es nicht: Persönlichkeitsstruktur des Vaters, glaube ich. Er ist sehr unsicher, würde es nie zeigen.

Auffallend ist, dass nur wenige Mütter den **gesellschaftlichen, soziokulturellen Aspekt** der Essstörungen im Zusammenhang mit der »Warum-Frage« thematisiert haben, zum Beispiel:

Es macht mich besonders wütend, dass das Schlankheitsideal unserer Gesellschaft zu dieser Erkrankung führen kann.

Schlankheitswahn der heutigen Zeit. Idole – Diäten.

Schön- und Schlankheitsideal (Barbie-Puppen, »Bravo«-Mädchen-Zeitschrift).

Verändern sich die Erklärungen der Mütter im Laufe der sechs Jahre?
Es zeigt sich, dass die »Warum-Frage« viele Mütter lange Zeit nicht loslässt, aber sie gehen zum Teil gelassener damit um.

Keine weiteren Erklärungen als vorher, denke inzwischen auch mehr, dass einfach nicht alles erklärbar ist und sein muss.

Nein. Vielleicht dringe ich auch nicht mehr so sehr in sie ein. Versuche auch nicht, nach Gründen zu suchen.

Ca. die Hälfte der Mütter, die sich an Befragung III beteiligt haben, findet jedoch weitere Erklärungen. Zu erkennen ist, dass sich die Erklärungen der Mütter in Bezug auf ihre eigene Person im Verlaufe der Erkrankung selten verändern, aber manchmal kommen neue hinzu, wie zum Beispiel:

Ich habe zu sehr geklammert. Das heißt, ich habe mir immer zu viele Sorgen um alles gemacht. Ich habe den Rest der Familie zu sehr bedient. Oder, die haben sich bedienen lassen. So wollte meine Tochter nicht werden. Ich habe meiner Tochter vielleicht nicht genug zugetraut.

Vielleicht zu wenig offen gezeigte Zuwendung. Ich sehe jetzt, wie die Töchter meines Lebensgefährten mit ihren kleinen Kindern umgehen – das hat mir doch zu denken gegeben – ich wünschte, ich hätte es genauso gemacht.

Am häufigsten werden weitere Erklärungen gefunden, die sich auf die Person der Tochter beziehen, auf die Familieninteraktion und eheliche Probleme.

Heute sehe ich es so, es liegt an der ganzen Familienstruktur. Wir waren alle »krank«. Die nach außen perfekte Familie. Alles klappte, musste funktionieren, nur die Gefühle blieben auf der Strecke. Die Gefühle waren da, nur man hat sie nicht zum Ausdruck gebracht.

Es stellt sich die Frage, ob die gefundenen Erklärungen auch zu Einsichten führen bzw. geführt haben, zu entsprechendem Handeln, zu Veränderungen? Haben sie Konsequenzen, bemüht sich z.B. eine überbehütende Mutter nun, mehr loszulassen? In vielen Fällen ist dies zu bejahen (siehe auch die Ausführungen in Kapitel 6 und 7).

Es klingt komisch, aber ich habe lernen müssen (d.h., bin noch dabei), egoistischer zu denken. Durch die räumliche Trennung konnte ich loslassen und die Tochter selbstständig werden lassen. Ich stellte fest, sie schafft es auch ohne mich! Ein Stück Befreiung, trotz Sorge und Schmerz!

Ich habe mich selbst und meine Kinder besser kennen gelernt, habe unser Familienleben in der Vergangenheit kritisch betrachtet, eigene Fehler entdeckt und für mich und mein Leben neue Prioritäten gesetzt.

Ich kann oder besser gesagt, habe gelernt, auch einmal zuzuhören. Und ich erteil nicht immer gut gemeinte Ratschläge.

Dass ich keine Diäten mehr mache, dass ich mich selbst in Therapie begeben habe, um meine Ängste und Schuldgefühle (auch in anderer Hinsicht) abzuarbeiten.

Ich versuche auch nicht mehr, die starke Mutter zu sein, die so gut wie alle auftauchenden Probleme lösen kann.

Nur drei Mütter gaben an, keine einzige Erklärung zu haben. Eine Mutter schreibt:

Ich habe meiner Tochter diese Frage vorgelegt, und sie gibt Folgendes an:
a) Es gibt nicht die Ursache für Bulimie/Magersucht.
b) Die überbehütende Erziehung war sicher mit ein Grund dafür, aber mittlerweile glaubt sie, dass sie sich auch dazu »geeignet« hat, überbehütet zu werden; d.h., nicht jedes Kind, das so erzogen wird wie sie, wird zwangsläufig magersüchtig bzw. »wehrt« sich vorher.
c) Ihre Magersucht/spätere Bulimie war eine Möglichkeit für sie, aus diesem »So-Sein«, wie sie damals war, herauszukommen.

Es ist hilfreich, wenn Mütter und Töchter so miteinander über die Erkrankung und deren Ursachen reden können. Das macht einen offeneren Umgang möglich und kann die Belastungen, denen sich die Mütter in dieser Zeit ausgesetzt sehen, etwas mildern. Im folgenden Kapitel soll ausführlich dargestellt werden, was die Mütter während dieser Zeit am meisten belastet hat.

3

Belastungserleben der Mütter

»Damals erlebte ich die schlimmste Zeit meines Lebens ...«

Zunächst sollen einige Zitate einen Eindruck davon vermitteln, in welchem Ausmaß Mütter während der Akutphase der Erkrankung der Tochter belastet sind:

Während meine Tochter bei meiner Mutter war, bekam ich an beiden Augen Sehnerventzündungen und musste in die Augenklinik. Ich habe dann meine Berufstätigkeit aufgegeben, es ging mir in jeder Beziehung miserabel.

Als auch die dritte Therapie fehlschlug, die im Prinzip viel besser durchgeführt wurde als die beiden ersten, war ich endlich so weit, dass ich erkannte, dass ich entweder etwas für mich selbst tun musste oder aber »verrückt« würde bzw. Suizid begehen würde. Daraufhin begann ich eine eigene Therapie.

Ich weiß, sie ist noch nicht über den Berg, aber mein eigenes »Am-Ende-Sein« zwingt mich dazu, ihr ihre Probleme zu lassen und mir die meinigen. Das hilft mir dann über Phasen hinweg, wenn mir die Angst und die Panik im Nacken sitzen und mir schier die Luft abzudrücken drohen.

Ich habe mich in meinem Leben noch nie so hilflos gefühlt

wie in dieser Zeit. Ich konnte fast keine Nacht mehr schlafen vor lauter Angst um meine Tochter. Angst, dass sie sich so schädigt, dass sie ihr Leben lang darunter leiden muss, Angst, sie zu verlieren – Kummer über ihr abweisendes Verhalten, ihre Kränkungen, ihr Schweigen.

Was belastet die Mütter?

Es sind fast ausschließlich psychische Belastungen, die die Mütter nennen. Man kann psychische Belastungen als eine – subjektiven Leidensdruck erzeugende – Beeinträchtigung der individuellen Befindlichkeit und Stimmung ansehen. Einher damit geht eine Beeinträchtigung der Erlebnis-, Verarbeitungs- und Handlungsmöglichkeiten einer Person in dieser speziellen Lebenssituation. Eine solche Beeinträchtigung drückt sich in einem bestimmten Bewusstseinszustand aus, der meist aus mehreren Emotionen besteht.

Am häufigsten wurden von den Müttern genannt:
- Angst/Sorge um die Tochter;
- Hilflosigkeit, Ratlosigkeit, Machtlosigkeit;
- Schuldgefühle, Versagen;
- Alleingelassensein;
- Schuldzuweisungen von anderen Personen.

Es ist nicht davon auszugehen, dass die von den Müttern genannten Belastungen ausschließlich durch die Essstörung der Tochter hervorgerufen wurden. So können Belastungen sowohl neu entstehen als auch bestehende Belastungen verstärkt werden, z.B. bei Beziehungsschwierigkeiten zum Ehemann oder innerhalb der Familie. Es handelt sich daher um Belastungen, die während der Zeit der Essstörungserkrankung der Töchter von den Müttern erlebt werden. Sie wurden in den Berichten der Mütter in vielfältiger Weise beschrieben und konkretisiert. Im Nachfolgenden soll darauf im Einzelnen eingegangen werden.

Angst und Sorge

Angst/Sorge nennen fast alle befragten Mütter. Sie fürchten um Gesundheit und Leben der Tochter.

Dann, als sie immer dünner wurde, kamen Verzweiflung und Angst auf. Große Angst, dass meine Tochter ihr Leben zerstört und nie wieder gesund wird. Ich konnte nachts nicht mehr schlafen bzw. weinte mich in den Schlaf.

Die Gefühle, die ich in der Zeit der Krankheit meiner Tochter hatte, waren von Angst beherrscht. Als es immer schlimmer wurde mit dem Verfall, hatte ich mich damit abgefunden, dass meine Tochter stirbt. Ich habe mich morgens nicht getraut, an ihr Bett zu gehen, weil ich dachte, sie ist tot.

… teils starke Ängste und Unsicherheit (Hoffnung/Angst). Es ist die schwierigste Zeit meines Lebens – ich würde alles dafür tun, dass meine Tochter gesund wird.

Manche Verläufe sind so schwer, dass der Tod der Töchter nicht auszuschließen ist – trotz aller verzweifelten Hilfsbemühungen auch der Mütter. Die Unerträglichkeit dieses Erlebens kommt in den Worten einer Mutter von zwei essgestörten Töchtern zum Ausdruck:

Wenn die Angst zu groß wurde, habe ich mir gewünscht, die Mädchen wären endlich tot und alles hätte ein Ende.

Diese Mutter ist am Ende ihrer Kraft angelangt. Eine andere Mutter formuliert Ähnliches:

Und doch: Möchte meine Tochter loswerden. Egal wie,

denke ich manchmal, auch wenn schlimmes Ende. Nur Ende. Bin nicht mehr ich. Ichverlust. Pendel zwischen Hass und Liebe.

Man kann solche Aussagen der Mütter als Ausdruck allergrößter Belastung interpretieren, verbunden mit dem Wunsch nach einem Ende dieser Belastung.

Häufig ist die Angst so groß, dass das gesamte Leben der Mütter beeinträchtigt wird. Konsequenzen in Bezug auf ihre Leistungsfähigkeit z.B. im Beruf werden genannt oder auch Vernachlässigung der anderen Kinder.

Ich hatte große Ängste, dass meine Tochter stirbt. Ich habe versucht, auf ihre Wünsche einzugehen in Bezug auf das Essen, und mit ihr geredet, wenn sie wollte. Hatte Angst, das Haus zu verlassen und sie alleine zu lassen (Selbstmordgefahr).

Hier wird noch einmal die Angst vor Selbstmordversuchen der Tochter deutlich. Diese Erfahrungen gehören mit zu den schlimmsten, die eine Mutter machen kann.

Verschiedene Mütter äußern außerdem auch Angst vor der Zukunft, meist in Bezug auf die Tochter.

Die Angst vor dem großen Rückfall ist weiter da!

Diese Ängste sind aber nicht nur auf die nahe Zukunft gerichtet, sondern auch auf die entferntere Zukunft. Manche Mütter haben Angst, dass irreparable Schäden zurückbleiben. Wird die Tochter jemals in der Lage sein, ihr Leben selbstständig zu meistern? Dieses Ziel ihrer Erziehungsbemühungen sehen die Mütter infrage gestellt.

Ich habe Angst, dass sie nicht auf eigenen Füßen stehen kann, wenn keine entscheidende Wende eintritt. Dass sie keinen Beruf lernen kann, krank wird und eines Tages sterben könnte. Dass sie einsam wird und die zwei Freundinnen, die noch zu ihr halten, sich auch zurückziehen. Dass sie nie die Sonnenseiten einer Beziehung zu einem Mann kennen lernt.

Intensität der Angst

Die Mütter waren gebeten worden, auf einer Skala von 1 (niedrigster Wert) bis 6 (höchster Wert) die Intensität ihrer Belastung einzuschätzen. Das Ergebnis war sehr unterschiedlich. Die angekreuzten Werte schwanken in der gesamten Breite zwischen 6 und 1. Dieses Ergebnis hat etwas zu tun mit dem unterschiedlichen Gesundheitszustand der Töchter zum Zeitpunkt der Befragung. Einige befinden sich in Lebensgefahr, während andere schon fast geheilt sind.

Zu erkennen ist ferner, dass die Intensität der Belastung im Verlaufe der Zeit bei fast allen Müttern abnimmt. Am stärksten reduzierte sich die Intensität der Angst verständlicherweise bei der Gruppe der Mütter von gesunden bzw. Töchtern mit stark gebesserter Gesundheit. Aber auch die Gruppe der Mütter von noch kranken Töchtern erlebt ihre Angst nicht mehr so intensiv wie Jahre zuvor.

Hört die Angst jemals auf?

Eine Analyse der Daten ergab, dass zum Zeitpunkt der letzten Befragung zwei Drittel der Mütter von gesunden bzw. Töchtern mit stark gebesserter Gesundheit immer noch Angst haben (zwar von geringer Intensität) und alle Mütter aus der Gruppe mit noch kranken Töchtern (mit höherer Intensität).

Hilflosigkeit

Neun von zehn Müttern äußern Hilflosigkeit, Ohnmacht – manchmal bis hin zur Hoffnungslosigkeit. Häufig wird der Begriff »Hilflosigkeit« pauschal gebraucht. Man kann dies als einen Hinweis darauf werten, wie umfassend die von den Müttern empfundene Hilflosigkeit war, sie empfinden sich in ihrer ganzen Person als hilflos.

Hilflos. Ratlos. Die Kinder leiden sehen und nichts zur Hilfe wissen. Grauenhaft.

Die totale Hilflosigkeit. Das ganze Leid und Elend mit ansehen zu müssen, ohne helfen zu können.

Das Schlimmste: nichts dagegen tun können, ihr in ihrem (teilweise von ihr schon auch empfundenen) Elend nicht helfen können, diese totale Machtlosigkeit.

Sich wie eine Wahnsinnige abzustrampeln und nichts zu erreichen … Die Hilflosigkeit vor dem, was man nicht versteht …

Auf der einen Seite ist der Wunsch, zu helfen, fast übermächtig. Auf der anderen Seite empfinden die Mütter eine große Unsicherheit. Sie resultiert zum Teil aus der Unkenntnis der Mutter in Bezug auf die Krankheit und aus ihrem Nichtverstehen dessen, was sich da vor ihren Augen abspielt.

Wie verhalte ich mich richtig? Die Mutter hat zunächst durchaus noch die Erwartung an sich, Einfluss auf das Verhalten der Tochter zu haben. So glaubt sie, mit gutem Zureden, Kochen der Lieblingsspeisen der Tochter, Predigten über gesunde Ernährung usw. ein anderes Ess- und Ernährungsverhalten der Tochter zu erreichen. Im direkten Kontakt mit der Tochter macht sie dann allerdings immer und immer wieder die Erfahrung, dass alle ihre bisherigen Strategien nichts bewirken.

Man wird sehr allein gelassen, und man weiß auch nicht, wie man sich der Tochter gegenüber verhalten soll und wie helfen. Wie richtig machen, ohne das Gegenteil zu erreichen.

Auch muss man bedenken, dass sich eine Mutter im direkten Kontakt mit der Tochter nicht »nicht verhalten« kann. Alles, was sie tut, hat irgendwelche Konsequenzen: Ob sie das Verhalten der Tochter ignoriert oder es beachtet, akzeptiert oder dagegen ankämpft, immer wieder wird sie sich fragen, ob sie das Richtige getan hat.

Auf der einen Seite will man helfen – es klappt aber nicht. Ich wusste nicht, ob ich ihr, wenn sie zu viel aß, dies sagen sollte oder so tun sollte, als ob ich es gar nicht sehe.

Ich fühlte mich für alles verantwortlich. Ich wusste nicht, wie ich mich verhalten sollte.

Es ist nicht nur die Unsicherheit dem Essverhalten gegenüber, sondern auch die Schwierigkeit, mit den psychischen Veränderungen umzugehen. Die Mütter wissen nicht, wie sie den Töchtern begegnen sollen. Besonders den Stimmungsschwankungen der Tochter fühlen sich viele Mütter hilflos ausgesetzt.

Ich wurde immer wieder mit dem Verhalten der Tochter nicht fertig. Einmal fröhlich unbeschwert und dann launisch, gereizt, isoliert. Manchmal stand ich total hilflos da.

Wir haben zum Teil auf ihre Bitte hin die Nahrungsmittel weggeschlossen. Das ist heute auch noch ein Problem. Während der aggressiven Phasen war ich oft total verzweifelt, auch während der hochdepressiven. Zum Teil habe ich nur noch geheult. Manchmal haben wir zusammen geheult und uns getröstet. Ich habe versucht, Ruhe zu bewahren, sie in den Arm zu nehmen, ausgeglichen zu sein und nicht auszurasten. Manchmal war das nicht möglich. Sie hat mich oft zurückgestoßen.

Hier wird noch einmal deutlich: Die Töchter weisen die Hilfsbemühungen der Mütter zurück, was die Hilflosigkeit der Mütter verstärkt.

Weiterhin ist aus den Ausführungen verschiedener Mütter zu erkennen, wie insbesondere Hilflosigkeit eine Einengung des Denkens bewirken kann – und bei einer Reihe von Müttern auch bewirkt: nämlich an nichts anderes mehr denken zu können. Eine für die psychische Gesundheit dieser Mütter gefährliche Situation: Indem sie ihr gesamtes Denken, aber auch Fühlen und Handeln auf die erkrankte Tochter richten, machen sie sich abhängig von dem Gesundheitszustand und dem Verhalten der Tochter. Man nennt dies auch Coabhängigkeit.

Mehr und mehr wurde das Kind zum Lebenszentrum für mich. Beruf und Kind nebeneinander bis an die Grenzen der Machbarkeit. Bald unfähig, andere Themen zu durchdenken. Rückzug von einigen Freunden.

Gefühle: Hilflosigkeit, Angst, helfen wollen und nicht können. Gedanken: Es gab keine anderen als: Was kann ich tun, um ihr zu helfen, da herauszukommen …

Mütter (Eltern) verstricken sich zunehmend in die Krankheit der Tochter, sind überfordert. Manche tun alles, was die Tochter will, und geben nach, wo es angebracht wäre, der Tochter Grenzen zu setzen – aus Hilflosigkeit. Sie fühlen sich ausgeliefert, sie kämpfen gegen etwas, was ihnen unbegreiflich und unverständlich ist. Deshalb sehen sie oft nicht, wo ihr Verhalten der Tochter gegenüber oder innerhalb der Familie die Krankheit weiter aufrechterhält und wo (unabsichtlich) Fehler gemacht werden. Deshalb ist kompetente Hilfe von außen wichtig.

Mit Sicherheit kann ich sagen, dass die Mütter von magersüchtigen Kindern in jedem Fall fachkundige Hilfe für sich brauchen, sonst geht man daran mit kaputt.

Aus den Berichten der Mütter ist zu entnehmen, dass ein Teil von ihnen diese Hilfe leider nicht bekommen hat oder aber auch nicht eingefordert hat.

Es wurde schon erwähnt, dass nicht wenige Mütter vor der Erkrankung ihrer Tochter noch nie etwas über Essstörungen gehört hatten. So bewegen sie sich auf einem ihnen völlig fremden Gebiet, auch psychische Erkrankungen sind für die meisten etwas Fremdes, Ungewöhnliches und auch Unpassendes in ihrer Familie.

Ich träumte von ihr als Skelett, das ich im Arm hielt! Es plagten mich Ängste und Verzweiflung, Unsicherheit und Unwissenheit über die Krankheit.

Wie sehr Hilflosigkeit in die ganze Persönlichkeit der Mutter eingreift, hängt auch davon ab, wen die Mütter hierfür verantwortlich machen.

Verschiedene Formulierungen weisen darauf hin, dass viele Mütter ihre Hilflosigkeit als persönliches Versagen empfinden.

… dass ich ihr nicht helfen konnte, mein Unvermögen.

Aufgrund ihrer in der Regel bis dahin für sie erfolgreich scheinenden Erziehungsbemühungen in der Vergangenheit haben die Mütter die Erwartung an sich, Problemen erfolgreich begegnen zu können. Sie haben sich bisher als kompetente Mütter wahrgenommen. Nun machen sie die Erfahrung, dass altbewährte Maßnahmen nichts mehr bewirken, keinen Erfolg zeigen. Dieses nicht nur in Bezug auf Ess- und Ernährungsverhalten, sondern auch in anderen Bereichen des Zusammenlebens mit der Tochter. Wie schon beschrieben, stellen die Mütter fest, dass sie ihre Töchter nicht mehr erreichen, da diese sich innerlich immer mehr zurückziehen, Gespräche abwehren usw. Wenn aber die Töchter immer weniger erreichbar sind, dann geht damit ein ständiger Verlust an Kontakt- und Einflussmöglichkeit einher.

Unsere Töchter nehmen doch nichts mehr von uns an.

Solange die Mütter dieses Abwehrverhalten der Töchter gegen sich persönlich gerichtet sehen und nicht als Krankheitssymptom, werden sie sich ihre Hilflosigkeit persönlich zuschreiben und an sich zweifeln.

Ich fühle mich als Versager.

Aber nicht nur ein Verlust der Wirksamkeit von an sich noch vorhandenen Kompetenzen durch Rückzug und Abwehr der Tochter ist zu verzeichnen, sondern auch die Konfrontation mit Situationen, für die die Mütter bisher keine Kompetenzen entwickelt haben bzw. entwickeln konnten, weil diese nicht zur Alltagserfahrung von Müttern allgemein gehören. Dazu kann man zum Beispiel die Konfrontation mit Selbstmorddrohungen und -versuchen, mit ausgeprägten Aggressions- und Depressionsverhalten der Tochter, mit Zwangshandlungen und Selbstverletzungen rechnen.

Wenn eine Mutter die Überzeugung hätte (hat), dass bei dieser Art von Erkrankung und Symptomen Mütter (generell) nur bedingt helfen können und es notwendig ist, Experten hinzuzuziehen, könnte dies sie in ihrer Hilflosigkeit entlasten.

Als Mutter kann man wenig tun, eigentlich gar nichts. Man ist machtlos und muss sich das auch eingestehen.

Völlige Hilflosigkeit … Möchten gerne eingreifen und helfen und müssen erkennen, dass es nicht geht, nur noch schlimmer wird. Damit erst einmal fertig werden und erkennen, dass es eine seelische Krankheit ist.

Wiederum wird erkennbar, dass es sich um Situationen handelt, bei denen es besonders schwer fällt, die Hilflosigkeit zu akzeptieren. Die Mütter versuchen immer wieder zu helfen und geben nicht auf.

Ich selbst war inzwischen ohne Hoffnung, habe versucht, mich mit dem Tod meiner Tochter auseinander zu setzen. War dazu aber nicht bereit und sah diesen als sinnlos an. Ich wollte und musste weiterkämpfen.

Für eine Mutter ist die psychische und physische Gesundheit ihres Kindes ein höchst bedeutsames Ziel. Insofern ist es auch nicht verwunderlich, dass so viele Mütter auf die Wahrnehmung von Hilflosigkeit mit doppelten Bemühungen reagieren. Sie versuchen alles in ihrer Macht Stehende zu tun, um eine Änderung der Situation zu erreichen. Sie müssen viel Frustrationstoleranz und Kraft in Bezug auf Enttäuschungen entwickeln, um nicht zu verzweifeln.

Deswegen ist es wichtig, zu wissen, dass es von einem bestimmten Stadium der Essstörungen an für Mütter (Eltern) kaum noch möglich ist, selber aktiv zu helfen. Es ist wirklich unumgänglich, professionelle Hilfe in Anspruch zu nehmen.

Es ist außerdem anzunehmen, dass die guten Ratschläge anderer Personen, von denen verschiedene Mütter berichten, die Tendenz verstärken, sich selbst für unfähig zu halten. Die Mütter gewinnen den Eindruck, nur sie wüssten nicht, wie man mit der eigenen Tochter umgeht.

Einher mit den Gefühlen der Hilflosigkeit und denen des persönlichen mütterlichen Unvermögens, der Tochter zu helfen, gehen die Schuld- und Versagensgefühle.

Schuld- und Versagensgefühle

Schuldgefühle werden gemeinhin als intensive, quälende, negative Empfindungen geschildert. Das Selbstwertgefühl ist herabgesetzt.

Eine engagierte Mutter wird sich dafür verantwortlich fühlen, dass ihre Tochter im Rahmen ihrer Erziehungsbemühungen Selbstbewusstsein, Konfliktfähigkeit, soziale Kompetenzen, psychische Stabilität usw. erwirbt. Wenn sie aber glaubt, dass ihre Tochter gerade deswegen erkrankt ist, weil sie diese Kompetenzen nicht erworben hat, wird sie sich dies als ihr Versäumnis oder Versagen zuschreiben.

Die Annahme, für einen Schaden verantwortlich zu sein, den man hätte vermeiden können, mündet in Selbstvorwürfen. Schuldgefühl steht oft in einem engen Zusammenhang mit Scham. Schuldgefühle haben Auswirkungen auf zentrale Werte des Selbsterlebens und des Selbstwertgefühls.

In der Fachliteratur zu Essstörungen werden besonders die Schuld- und Versagensgefühle von Müttern (Eltern) immer wieder diskutiert. Die Ergebnisse der hier zugrunde liegenden Untersuchung können die Relevanz solcher Schuldgefühle bestätigen. Es sind quälende Gefühle, mit denen die Mütter sich immer wieder auseinander setzen.

Aber am schlimmsten waren wohl die Selbstvorwürfe, Schuldgefühle und Grübeleien, warum das so gekommen ist.

Am schlimmsten waren die Schuldgefühle und das Erkennen, dass ich nicht in der Lage gewesen war, ein Kind so großzuziehen, dass es dabei seelisch gesund blieb. Ich hatte versagt; auch die ersten zwölf Jahre meiner Tochter mussten – rückblickend – als fehlgeschlagen angesehen werden.

So werden Schuld- und Versagensgefühle von vielen Müttern zum Teil sehr eindringlich beschrieben. Andere Mütter sprechen Schuld- und Versagensgefühle nicht von sich aus an, sondern erst bei direkter Frage danach. Manchmal sind die Gefühle so quälend, dass sie verdrängt werden. Acht von zehn Müttern jedoch äußerten sich hierzu.

Ich plagte mich mit schwersten Schuldgefühlen herum und musste ständig weinen, was mir jahrelang ganz fremd geworden war. Mir wurde dabei auch bewusst, dass ich mich selbst nicht kannte, nie über mich nachgedacht hatte, nur für die Familie funktioniert hatte und ständig bemüht war, es allen recht zu machen. Leider bin ich zu einem braven, gehorsamen Menschen erzogen worden, der keine eigenen Bedürfnisse und Wünsche kennt, sondern sich pausenlos um das Wohl der anderen sorgt und dabei versucht, perfekt zu sein. Deshalb habe ich auch wohl die Magersucht meiner Tochter als ganz persönliche Niederlage empfunden, fühlte mich als Versager.

»**Was habe ich nur falsch gemacht?**« ist eine zentrale Frage, die Mütter sich immer wieder stellen. Die Mütter fragen nicht: *Habe* **ich** *etwas falsch gemacht?,* sondern: **Was** *habe ich falsch gemacht?* Das heißt, sie gehen davon aus, dass sie etwas falsch gemacht haben (müssen).

In diesem Zusammenhang ist eine eher theoretische Differenzierung interessant: Es wird angenommen, dass es für das Ausmaß der Beeinträchtigung des Selbstwertgefühls relevant ist, ob Schuld/Versagen eher auf ein **bestimmtes eingrenzbares Verhalten** als Mutter bezogen wird, z.B.: *Ich habe sie zu wenig gelobt,* oder aber **eher selbstwertbezogen**, also auf die gesamte Person der Mutter gerichtet ist, z.B.: *Ich bin einfach unfähig.* Letzteres kann gravierende negative Folgen für das Selbstwertgefühl der Mütter haben.

Schaut man sich die Äußerungen der Mütter an, so kann gesagt werden, dass sich die meisten Mütter in einer solchen globalen, selbstwertbezogenen Art ausdrücken. Sie haben Schuld- und Versagensgefühle, die sie zum Teil überfluten, andererseits aber können sie nicht sagen, was konkret sie falsch gemacht haben.

In der Erinnerung sind diese Jahre wie ein Albtraum, den ich wohl weitgehend verdrängt habe, um weiterleben zu können … Es gab eigentlich weniger Gedanken als das umfassende Gefühl: schuldig. Alles war falsch. Das Gegenteil von »gut« ist »gut gemeint«. Du hättest nie Kinder ha-

ben dürfen. Du hast deinen Beruf zu sehr geliebt (andererseits hat mir der oft geholfen). Ein Teufelskreis!

Vielleicht, wenn Sie meinen Brief lesen, denken Sie, bei dieser Mutter wäre ich auch magersüchtig geworden – vielleicht habe auch ich die ganze Schuld. Ich weiß nur eines, dass ich dies dann ganz unbewusst getan habe.

Alles kreist um »das Kind«. Schuldgefühle der Tochter gegenüber, den anderen Kindern gegenüber – Schuld, Schuld, aber was hab ich eigentlich falsch gemacht ... Jeder sagt, dass die Mutter schuld ist, aber was habe ich falsch gemacht? Vielleicht stirbt sie meinetwegen, ohnmächtiges Zusehen, allumfassendes Schuldgefühl.

Die Zitate verdeutlichen noch einmal, in welch umfassender Weise Schuld- und Versagensgefühle von einem Teil der Mütter erlebt werden.

Dem stehen Schilderungen eines bestimmten, eingrenzbaren Verhaltens gegenüber, das zwar als falsch angesehen wird, aber meist nicht zu solch umfassenden Schuldgefühlen führt, wie die oben angeführten.

Ich habe große Schuldgefühle, dass ich nicht den Arzt gewechselt habe und sie nicht viel früher ins Krankenhaus gekommen ist, ich hätte eher etwas unternehmen müssen.

Ich habe für sie auch immer schnell Lösungsvorschläge parat gehabt, wenn sie mal Probleme hatte. Vielleicht hat sie darum nie gelernt, eigene Lösungen zu entwickeln. Sie tut sich sehr schwer damit. Mir ist klar, dass das ein Fehler von mir war.

Es ist außerdem zu erkennen, dass jeweils das, was man nicht getan hat, als Fehler interpretiert werden kann: So z.B. hat die eine Mutter Schuldgefühle, weil sie ihren Mann verlassen hat, und die andere, weil sie bei ihm geblieben ist oder ihn nicht früh genug verlassen hat.

Nicht zu unterschätzen sind neben den Schuldgefühlen auch Schamgefühle. Schamgefühle richten sich auf die Umwelt, auf das, »was die anderen wohl denken«.

Jede Menge Schuldgefühle, Versagensgefühle und vor allem auch Ängste waren da! Ignorieren ging allerdings nicht – da es so offensichtlich war. Ich glaube, ich hatte auch großes Schamgefühl der Umwelt gegenüber – wir als »Soz.päd.Eltern« hatten versagt!

… konnte lange nicht mit Freunden und Bekannten darüber reden, ich schämte mich dafür und hätte mich am liebsten vor allen Menschen verkrochen. Ich war plötzlich selbst in eine tiefe Krise geraten, wie in ein dunkles Loch gefallen.

Ich hatte gelesen, dass immer ein gestörtes Mutter-Tochter-Verhältnis hinter dieser Krankheit steckt, und wies das zuerst weit von mir. Gleichzeitig aber stürzte ich gewissermaßen in einen Abgrund. Ich schämte mich; massive Schuldgefühle stellten sich ein.

Jeder sprach mich auf das Aussehen meiner Tochter an, und mehr als einmal musste ich mir anhören: »Was ist nur aus diesem hübschen Mädchen geworden« oder »Das arme Kind tut uns so schrecklich Leid«. Zum Schluss wagte ich mich gar nicht mehr aus dem Haus aus Angst vor dem Gerede der anderen.

Im Verlaufe der drei Befragungen war zu erkennen, dass

Schuld- und Versagensgefühle sich hartnäckig halten. Sie lassen zwar in ihrer Intensität im Verlaufe der Zeit nach, werden weniger, aber ganz verschwunden waren sie zum Ende des Befragungszeitraums nur bei einem kleinen Teil der Mütter.

Im Zusammenhang mit Verantwortlichkeit und Schuld taucht immer wieder die Frage auf, ob die Person auch anders hätte handeln können. Hatte sie eine Wahlmöglichkeit? Zu den hier vorliegenden Fällen kann wohl gesagt werden, dass die Mütter jeweils nach bestem Wissen und Gewissen und nach den ihnen zur Verfügung stehenden Möglichkeiten und Kräften gehandelt haben. Theoretisch hat man in Erziehungsfragen Wahlmöglichkeiten. Doch ist eine Mutter in ihrer Person nicht ihrerseits geprägt durch ihre Erziehung, ihr Elternhaus und ihr Leben? Sie wird an ihre Kinder das weitergeben, was ihren Wertvorstellungen und Normen entspricht. Sie kann nur so sein, wie es ihr gemäß ist. Diese Mütter haben sich z.T. besonders bemüht und wollten alles richtig machen …

Einige Zeit hatte ich nicht wahrhaben wollen, dass sie an Bulimie erkrankt war. Mich dieser Situation zu stellen fiel mir sehr schwer. Ich hatte das Gefühl des absoluten Versagens. Mir wurde klar, dass ich irreparable Erziehungsfehler gemacht haben musste. Dies schien mir insofern schwer zu akzeptieren, da ich mir immer besonders viel Mühe gegeben hatte und ständig mit einer Vielzahl von Pädagogik-Literatur beschäftigt war.

Wie eine Mutter mit solchen Schuld- und Versagensgefühlen umgeht, hängt sehr von der Persönlichkeit der jeweiligen Mutter ab. Müttern, denen es gelingt, etwaige Fehler in der Vergangenheit zu akzeptieren, daraus zu lernen und sich auf die Gegenwart und Zukunft zu konzentrieren, werden besser damit fertig als Mütter, die in »neurotischen« Schuldgefühlen verharren (siehe hierzu auch Ausführungen im Kapitel »Empfehlungen von Müttern für Mütter«).

Alleingelassensein

Unter **Alleingelassensein** wird hier ein Vermissen von Zuwendung, Bestätigung, Hilfe und Unterstützung verstanden. Es ist keineswegs eine Minderheit, die so empfindet, denn sechs von zehn Müttern äußern sich in solcher Weise.

Zunächst ist es die Erfahrung, als Mutter mit den Befürchtungen in Bezug auf die Tochter nicht ernst genommen zu werden und sich als Folge davon sehr allein gelassen zu fühlen. Wie schon berichtet, nehmen Mütter irgendwann wahr, dass mit der Tochter etwas nicht stimmt. Sie können häufig aber selber noch nicht einordnen, was da passiert, und wissen deswegen auch nicht, was zu tun ist.

Dass irgendjemand meine Sorgen ernst nimmt und mit mir spricht, welchen Weg man gehen könnte, ihr zu helfen.

Es geht auch darum, die Verantwortung für die Tochter im Zusammenhang mit deren Erkrankung nicht allein tragen zu müssen.

Mich belastet … dass alle Verantwortung auf mir lastet, und ich bisher keine wirkliche Hilfe und Unterstützung finden konnte.

Ich schien von allen allein verantwortlich gemacht zu werden. Vom Mann keine Hilfe.

Ich fühlte mich sehr allein und unverstanden, da ich die

Einstellung meines Partners, das Kind einfach »abzuhaken«, nicht nachvollziehen konnte.

Die Mütter formulieren ein großes Bedürfnis nach mehr Unterstützung und Hilfe bei dem Bemühen, der Tochter zu helfen; bei Alltagsfragen ebenso wie bei Fragen zur Krankheitsentwicklung.

Ich wende mich an Sie, weil wir Eltern uns mit dieser Problematik völlig allein gelassen fühlen.

Dass man keine Hilfe und Unterstützung bei Ärzten usw. fand. Man ist alleine und hat das Gefühl, man kämpft gegen alle und jeden.

Es hat mich frustriert, dass fast niemand über die Krankheit Bescheid wusste. Keiner war zuständig, alle wussten nur vage etwas und keiner hat einem zur Seite gestanden. Ich fand mich so verdammt alleine gelassen. Habe in der Zeit viel geweint, und zeitweise hatte ich das Gefühl, nie mehr lachen zu können.

Mütter vermissen Verständnis und Anteilnahme. In diesen sehr belastenden Situationen ist die Sehnsucht danach besonders groß. Auch einmal *jammern* dürfen, sich *beklagen* dürfen, sich *wiederholen* dürfen und nicht sofort auf Abwehr und Unverständnis zu stoßen sind für die Bewältigung der Belastung wichtige Elemente, auf die viele Mütter leider nicht zurückgreifen konnten. Sie fühlen sich dann sehr allein.

Das Verdrängenmüssen der Krankheit. Mein Mann verdrängt alles, was ihm nicht in den Kram passt. Er, obwohl Arzt, ist gegen eine Behandlung in einer Fachklinik – auch wenn ich unter dem Kranksein meines Kindes und den Begleitumständen schrecklich leide. Ich darf nicht jammern, so sehr mir auch danach zumute ist, ohne dass er aggressiv wird.

Dass mein Mann mich tröstet, die Sache mit mir trägt und nicht wie der totale Narziss reagiert ...

Freundschaften zu anderen Ehepaaren sind kaputtgegangen, da wir zeitweise wohl gar keine anderen Themen hatten als diese entsetzlichen Szenen, die sich zu Hause abspielen. Verstehen kann so etwas wohl nur jemand, der unmittelbar davon betroffen ist.

Auch organisatorische Probleme wie Terminschwierigkeiten oder das Verwiesenwerden von einer Stelle zur anderen werden genannt und führen zu Gefühlen des Alleingelassenseins. Die Eltern stehen in der Akutphase unter großem Leidensdruck und sind dann sehr enttäuscht und voller Angst, wenn keine sofortigen Termine für Therapien oder Klinikplätze zur Verfügung stehen. Auch fühlen sie sich überfordert, einzuschätzen, welche Klinik oder Therapie wohl die richtige für ihre Tochter ist. Hier sind sie auf eine gute Beratung angewiesen.

Deshalb war ich an dem Tag auch sehr froh, da ich ja jetzt eine Telefonnummer hatte, wo ich hoffte, die Therapie könnte jetzt beginnen. Der erste Termin konnte dann aber erst in einigen Wochen stattfinden und der zweite nochmals Wochen später. Ich fühlte mich wieder sehr allein gelassen und sah nur, wie meine Tochter immer weniger wurde.

Die Intensität der Gefühle des Alleingelassenseins hängt sehr stark von den individuellen Gegebenheiten ab und auch vom Gesundheitszustand der Tochter. Sie sind besonders intensiv bei Müttern mit Töchtern, deren Krankheit schon lange besteht. Ihr Erleben ist, dass niemand ihnen bzw. ihrer Tochter wirklich helfen kann. Möglicherweise verstärken eigene resignative Rückzugstendenzen oder auch Erschöpfungszustände diese Gefühle des Alleingelassenseins noch.

Angst, Hilflosigkeit, Schuld- und Versagensgefühle und Alleinsein/Alleingelassensein waren die Hauptemotionen, über die die Mütter berichteten.

Viele Mütter sprechen von einem Wechselspiel der Gefühle. Sie befinden sich in einem emotionalen Aufruhr und schwanken zwischen Aggression und Liebe zur Tochter.

In der gesamten Zeit gab es ein Wechselspiel zwischen Wut, Hass, Angst, Liebe.

Wie erging es mir? Das kann man in Worte gar nicht fassen ... Wut, Zorn, Hilflosigkeit, Aggression, Selbstmitleid und Resignation ... ein Wechselbad der Gefühle. Unbeschreiblich einfach.

Meine Gefühle waren sehr unterschiedlich, mal hatte ich großes Mitleid, mal wieder war ich ratlos ihr gegenüber. Ab und zu hatte ich auch Wut auf sie. Doch dann wieder empfand ich große Liebe ihr gegenüber und ich hätte ihr so gerne geholfen.

Oft schwanke ich zwischen unendlicher Liebe für die Tochter und Aggression, auch Wut.

Sonstige Emotionen

Wut, Zorn, Ärger wurden von jeder dritten Mutter angeführt, und es wird deutlich, dass sich die Wut meist auf die Tochter bzw. deren Verhalten richtet.

Manchmal stand ich total hilflos da und wurde auch schnell mal wütend, wenn sie mir dann Lügen erzählte, Versprechungen nicht einhalten konnte.

Ich war auch manchmal zornig auf sie, weil sie mir die Freude am Leben nahm, weil sie daran schuld war, dass ich so leiden musste und so viele Sorgen habe.

Zeitweise große Wut auf sie, aber nicht, weil sie an Bulimie erkrankt ist, sondern weil die Symptome so schwer für uns zu ertragen sind.

Fertig werden mit dem Zorn, der Wut ist unheimlich schwer, ich glaube, es ist eine Aufarbeitung, die noch Jahre dauern wird.

Manche Eltern drücken auch Wut, Zorn und Ärger auf Experten aus:

Ich gerate in Wut auch gegen die Ärzte, die nichts machen, keine psychologische Beratung, nur warten auf einen Klinikplatz.

Die Hilflosigkeit und den Schmerz, den körperlichen und geistigen (Realität) Verfall eines Kindes mit ansehen zu müssen, kann man nicht wirklich wiedergeben. Die Wut und der Zorn auf die, die Hilfe hätten bringen können, lassen sich schon eher herausschreien.

Wut kann sich auch auf den Ehemann richten, der sich heraushält oder auf sonstige Familienangehörige.

Im Unterbewusstsein spürte ich auch eine unheimliche Wut auf meinen Mann, ich wurde innerlich richtig aggressiv gegen ihn. Er hatte auch viele Fehler gemacht, ließ mich aber immer im Stich, wenn Not am Mann war, nie konnte ich mit ihm über für mich wichtige Dinge reden.

Im vorstehenden Zitat beschreibt die Mutter ihre aggressiven Empfindungen, woraus zu vermuten ist, dass sie diese Wut nach außen hin nicht deutlich macht. Wahrscheinlich ist dies eine Haltung, die vielen Müttern zu Eigen ist: Wut und Ärger zu spüren, diese aber nur schwer zulassen zu können oder ihnen Ausdruck zu geben.

Manchmal hilft Unterstützung von außen, z.B. von verständnisvollen Therapeuten, um solche Gefühle zulassen zu können, wie das nachfolgende Zitat zeigt:

In meiner Therapie konnte ich vieles davon ansprechen, durcharbeiten und konnte dann auch zu meiner Wut, meinem Ärger kommen. Ich begann mich immer mehr abzugrenzen.

Auch **Trauer** wird meist in allgemeiner Form ausgedrückt. Sie bezieht sich auf etwas Verlorenes – und die Mütter haben zum Teil viel verloren: besonders Harmonie in der Familie und Lebensfreude. Sie spüren Trauer darüber, dass es nicht so ist, wie es sein könnte. Hier werden die eigenen Wünsche und Vorstellungen mit der Realität verglichen. Das Eingeständnis, dass nichts (mehr) so ist, wie es war oder wie es in den Vorstellungen der Mutter sein sollte, verursacht Trauer. Hier trauert die Mutter um sich selbst, um den Verlust eines Teils ihrer eigenen verlorenen Lebensqualität.

Ausgelöst wurden die Tränen vom Eingestehen meiner Verzweiflung und Trauer vor mir selber.

Ich bin traurig darüber, dass es oft so schwierig ist, weil ich mir vorstelle, wie es sein könnte.

Oder es wird formuliert, dass das Verhalten der Tochter traurig macht oder der Gedanke an nicht erreichte Ziele in Bezug auf die Tochter, z.B. dass die Tochter ein glückliches und ausgeglichenes Leben führen möge.

Wir alle sind sehr »dünnhäutig« geworden, weil es diese tiefe Trauer gibt, weil wir nicht helfen können und weil wir unsere Tochter fröhlich und jung und lachen sehen möchten.

Enttäuschung wird meist ausgedrückt, wenn die Bemühungen der Mutter keinen Erfolg zeigen, oder auch über den Therapie- und Krankheitsverlauf, wenn Rückfälle eintreten oder wenn die Tochter Versprechungen nicht halten kann.

Später die stundenlangen Gespräche (Abende), ich war so kaputt danach. So wahnsinnig enttäuscht.

Ich selbst klammere mich an jeden Strohhalm und bin meist enttäuscht und genervt, wenn alles, aber auch alles keine Abhilfe bringt.

Neben den bisher dargelegten psychischen Belastungen, bei denen es sich um belastende Emotionen der Mutter handelte, können weitere Belastungen von außen auf die Mütter einwirken und ihre Stresssituation verschärfen. Da sind zunächst zu nennen:

Schuldzuweisungen/Vorwürfe von anderen

Jede zweite Mutter berichtet von Erfahrungen mit Vorwürfen oder Schuldzuweisungen von anderen Personen.

Was ich an »Schuldzuweisungen« erfahren habe, es spottet jeder Beschreibung! Meiner Erfahrung nach ist die Mutter für viele der ideale Abladeplatz, was »Schuld« betrifft.

Dass man es sich sehr einfach dabei macht und das Elternhaus beschuldigt, ohne dieses überhaupt zu kennen. Dieses gilt für Ärzte, Therapeuten, Psychologen genauso wie für alle dummen Menschen, die das nachbabbeln. Leider auch für LehrerInnen ... Diese Erfahrungen haben mir sehr wehgetan und mich tief gekränkt. Die Mutter ist immer die Dominante, der arme Vater wurde draußen gelassen. Druck vom Elternhaus auf Leistungen und Noten. Ist die Mutter berufstätig, hat sie ihr Kind vernachlässigt, ist sie nur Hausfrau, wurde es überbehütet. Für jede Lage ein Patentrezept!!! Sicherlich trifft dieses zum Teil auch zu, aber muss man es der Einfachheit halber gleich verallgemeinern?

Jede fünfte Mutter fühlt sich von **Experten** (am häufigsten von Ärzten) mit Schuldzuweisungen oder Vorwürfen bedacht. Von *Pauschalierung von Seiten der Ärzte* wird gesprochen: als Mutter *diejenige zu sein, die verantwortlich gemacht wird, nicht jedoch der Ehemann*, oder *in Schubladen gelegt zu werden* oder Verallgemeinerungen ausgesetzt zu sein. Es ist zu erkennen, dass Mütter in dieser für sie sehr belastenden Situation besonders verletzlich sind.

Auch jetzt ... besteht überhaupt keine Zusammenarbeit. Ich fühle mich knallhart mit Schuldgefühlen außen vor gesetzt ohne Rechte, wie ein Verbrecher.

Schuldzuweisungen in den Therapiesitzungen (so habe ich es empfunden).

Oft mögen auch Missverständnisse ausschlaggebend sein: Dann fassen Mütter/Eltern vielleicht als Schuldzuweisung auf, was als notwendige und hilfreiche »Konfrontation« gemeint ist, um den Blick zu weiten dafür, was alles am Geschehen – und als »Störquellen« – beteiligt sein kann. So ist es eben auch die Aufgabe des Therapeuten, dass die Familie erkennt, wo es mit der Kommunikation untereinander gehapert hat oder die Beziehungen untereinander problematisch waren. Es geht dann um entsprechende Veränderungsmöglichkeiten. Dennoch ist es notwendig, nicht nur der Betroffenen, sondern auch allen anderen Familienmitgliedern mit Empathie zu begegnen und deren Gefühle ernst zu nehmen, was einer Reihe von Experten nicht zu gelingen scheint. Mütter (Eltern) sollten sich dann nicht scheuen, ihrerseits Ärzte und Therapeuten mit ihren Wahrnehmungen und belastenden Gefühlen zu konfrontieren, denn ein fruchtbares Arbeitsbündnis kann nur zustande kommen, wenn alle Beteiligten offen und ehrlich miteinander umgehen.

Eine Mutter, die eine Selbsthilfegruppe gegründet hat, resümiert wie folgt:

Eines kommt aber immer wieder gravierend zur Sprache: Bei den vorausgegangenen Familien-Therapien oder auch nur Elterngesprächen wurden zu schnell und zu einfach Schuldzuweisungen und Schuldgefühle Müttern und zum Teil auch mal Vätern zugesprochen. Diese wurden dann oft recht platt und mit wenig Feingefühl an die jeweilige Person gebracht … Da trennt sich bei den Fachleuten die Spreu vom Weizen, Eltern blocken dann ab und machen die Schotten dicht; besonders die Väter … Eltern sind aber meistens durchaus bereit, schon aus Angst, Sorge und Liebe zu ihrem Kind, auch Schwachstellen aus ihrem Familien-Credo zuzugeben, anzunehmen und diese dann evtl. thera-

peutisch ab- und aufzuarbeiten. Das ist ein großer Schritt zum Heilungsprozess für Betroffene und ihre Angehörigen. Der Weg zum Therapieerfolg könnte bei vielen wesentlich kürzer und weniger folgenschwer verlaufen.

Von Schuldzuweisungen oder Vorwürfen aus dem weiteren **privaten persönlichen Umfeld** (Freunde, Bekannte, sonstige Familienangehörige) berichtet ebenfalls jede fünfte Mutter:

Und zu all den Demütigungen durch unsere Tochter kamen Schuldzuweisungen, vor allem von Seiten meiner Eltern.

Am meisten belasten diese ungerechten Kritiken. Niemand will wissen, wie viel Nächte man wach gelegen hat, wie viele Gespräche von der Tochter abgewürgt worden sind, wie oft man von ihr belogen wurde, wie die Familie daran zerbricht usw. usw. Ich schäme mich nicht zu sagen, dass meine Tochter magersüchtig ist, aber ich bin immer sehr getroffen, wenn ich dann immer wieder diese Vorwürfe höre gegen die Mütter, gegen mich. Ich selber weiß, dass ich mir die Erziehung nicht leicht gemacht habe, es besser machen wollte, als meine eigene Erziehung war.

Die Blicke und das Gerede in unserem Bekanntenkreis.

Reaktionen der Umwelt, vor allem von Verwandten, die mich kritisierten.

Manche **Väter** weisen der Mutter direkt Schuld zu.

Meine Tochter hatte nie ein gutes Verhältnis zu ihrem Vater. Er ist sehr dominierend und bestimmt über alles. Wir alle hatten zu gehorchen. Für die Krankheit von ihr mach-

te er mich verantwortlich. Die Eltern-Kind-Gespräche verliefen frustrierend.

Keine Unterstützung. Schuld an allem wäre ich, ich hätte unsere Tochter zu sehr verhätschelt.

Mit meinem Mann konnte ich gar nicht reden, ich glaube, er schob mir (zwar uneingestandenermaßen) auch die größte Schuld zu, und ich war wütend, dass er nicht auch seinen Teil auf sich nahm.

Andere Väter verursachen durch ihr Verhalten eine Verunsicherung:

Es gab zwar nie Auseinandersetzungen zwischen uns wegen unserer Tochter (Schuldzuweisungen z.B.), aber trotzdem war es mein Verhältnis zur Tochter, das in Frage gestellt wurde, nie sein eigenes!

Schuldzuweisungen/Vorwürfe der **betroffenen Töchter** an die Mütter werden nur von jeder zehnten Mutter berichtet, von diesen dann aber besonders schmerzhaft erlebt.

Es hagelte Vorwürfe gegen mich von ihr in massiver Form. Alles – aber auch alles – habe ich falsch gemacht, sie habe keinen Freiraum, sei unterdrückt, könne sich nicht frei entfalten usw. Ich kam mir nur noch wie ein geprügelter Hund vor.

Heute habe ich noch manchmal das Gefühl, selbst krank zu sein. Ich kämpfe mit Schuldgefühlen, die meine Tochter mir einreden möchte. Schuld sein an der Krankheit und mich als Mutter in einem denkbar schlechten Licht erscheinen lassen.

Einige Mütter befassen sich allgemein mit dem Stigma, dem Mütter nach ihrem Empfinden ausgesetzt sind. Sie fühlen sich als »**Sündenböcke**«.

Dabei fällt mir immer wieder auf, wenn ich mich mit »meinem Problem« beschäftige, wie sehr unsere Gesellschaft darauf fixiert ist, alle Schwierigkeiten der nachwachsenden Generation (von Schulproblemen bis zur Magersucht) Müttern als Schuld zuzuweisen, so als ob Mütter individuell alle gesellschaftlichen Missstände ausgleichen und die Folgen von ihren Kindern abschirmen könnten.

Denn in unserer Gesellschaft wird doch nur das arme kranke Kind bedauert und die Mutter oft als die böse Täterin oder Versagerin gesehen, sogar viele Bücher vermitteln den Eindruck. Und so sieht die Mutter sich schließlich auch selbst. Obwohl sie ihr Kind nach bestem Wissen erzogen und umsorgt hat, sich selbst oft aufgeopfert und in den Hintergrund gestellt hat und nur das Beste für ihr Kind wollte, ist mit dem Ausbruch der Krankheit für die Mutter ein Kartenhaus eingestürzt. Und ihre eigene Unsicherheit hat sie auf ihr Kind übertragen. Ich finde es eine ganz grausame Krankheit für die Kinder, die Mütter und die ganzen Familien, es erscheint alles kaputt.

Zu Ihrer wissenschaftlichen Untersuchung kann ich nicht viel beitragen, aber es war mir ein Bedürfnis, Ihnen zu schreiben, weil ich mich als Mutter angesprochen gefühlt habe und immer wir eben zum Sündenbock abgestempelt werden.

Wenn man bedenkt, in welch angespannter Situation sich die Mütter befinden (sie sind erschöpft und haben ja bereits ihrerseits Zweifel an sich selbst entwickelt), so ist nachzuvollziehen, dass ein vorwurfsvolles Verhalten der Umwelt belastungsverstärkend wirkt. Manche Mütter sind zwar in dieser Zeit besonders empfindlich und verletzlich und fassen vielleicht als Schuldzuweisung auf, was nicht als solche gemeint ist, jedoch ging es in der zugrunde liegenden Untersuchung gerade um das subjektive Erleben. Insofern sind diese Empfindungen relevant und bedeutsam. Außerdem kann angenommen werden, dass eine große Zahl von Müttern durchaus eine realistische Wahrnehmung bei unsensiblem und leichtfertig an den Tag gelegtem Vorwurfsverhalten anderer hat.

Psychologisch gesehen, haben außenstehende Personen durchaus einen persönlichen Nutzen davon, der betreffenden Mutter negative Eigenschaften und/oder Verhaltensweisen zuzuschreiben. Man kann dies als eine Art Selbstschutz ansehen: Indem sie sich von der betroffenen Mutter abgrenzen und davon überzeugt sind, dass sie selbst anders sind und sich auch anders verhalten, glauben sie, in der eigenen Familie vor einem solchen Ereignis (wie hier z.B. die Essstörung der Tochter) geschützt zu sein.

Gesundheitliche Belastungen der Mütter

Die seelische Belastung in dieser Zeit hat sich körperlich verheerend bei mir ausgewirkt. Ich hatte fürchterliche Kreislaufstörungen und Herzjagen, habe ziemlich viele Beruhigungsmittel genommen, die immer mehr ihre Wirkung verfehlten und die Beschwerden noch verstärkten. Die schlimmsten Beschwerden setzten aber erst viel später ein, als ich langsam zur Ruhe kam, mit ganz schlimmen Depressionen, die sich über ein Jahr hinzogen, verbunden mit einer unbeschreiblichen Müdigkeit. Ich lebte nur noch fürs Schlafen. Ich habe nur von einem Tag zum anderen geplant, mehr war nicht möglich, denn jeder einzelne Tag war ein Kampf.

Gut zwei Drittel der Mütter berichten von eigenen gesundheitlichen Problemen. Am häufigsten nennen die Mütter Probleme psychischer bzw. psychosomatischer Art:

- depressive Verstimmung bis hin zur Depression, Interessenverlust, Freudlosigkeit, Traurigkeit, Rückzug, Erschöpfung, Kraftlosigkeit, Am-Ende-Sein, Schlafstörungen,
- Bluthochdruck, Herz-Kreislauf-Probleme,
- Kopfschmerzen, Migräne, Tinnitus, Hörsturz, Nervenzucken,
- Gewichtsverlust, Magen-Darm-Probleme, Gallensteine, Probleme mit Bauchspeicheldrüse, Schilddrüse,
- Rückenprobleme,
- verstärkte Wechseljahresbeschwerden.

Bis auf wenige Ausnahmen bringen alle Mütter ihre gesundheitlichen Probleme oder eine Verstärkung von vorhandenen Beschwerden in einen direkten Zusammenhang mit der Erkrankung der Tochter.

Habe in der Zeit viel geweint und zeitweise hatte ich das Gefühl, nie mehr lachen zu können. Damals hatte ich einen Zusammenbruch des vegetativen Nervensystems … Heute habe ich noch manchmal das Gefühl, selbst krank zu sein.

Körperliche Beschwerden, wie Nervenzucken, Kopf- und Gliederschmerzen, Depressionen.

Die wöchentlichen Besuche empfand ich als Albtraum /

hatte in dieser Zeit konstanten Bluthochdruck, Nachtschweiß, Kiefergelenkprobleme etc.

Eine weitere Frage ist, wie sich die Gesundheit der Mütter im Laufe der Zeit entwickelt. Bleiben die psychischen Probleme weiterhin dominierend oder rücken im Verlaufe der Zeit andere Erkrankungen der Mütter in den Vordergrund?

Es haben nach sechs Jahren immer noch ca. zwei Drittel der Mütter, die sich an Befragung III beteiligt haben, gesundheitliche Probleme, aber die Beschwerden haben sich verschoben: Depressive Symptome und Erschöpfungszustände werden kaum noch genannt, nur die Schlafstörungen sind geblieben. Stattdessen haben Herz-Kreislauf-Probleme, Kopfschmerzen, Magen-Darm-Probleme und Rückenschmerzen zugenommen.

Eine Mutter schreibt:

Kann ich nicht benennen, es gibt ja viele andere Dinge, die auch auf mich einwirken.

Diese Mutter spricht einen Aspekt an, der zu beachten ist. Leben und Gesundheit der Mütter wurden/werden natürlich nicht nur durch die Erkrankung der Tochter beeinflusst. Aber immer noch bringen viele Mütter zum Ausdruck, dass sie ihre eigenen gesundheitlichen Beschwerden zumindest zum Teil in direktem Zusammenhang sehen mit den Belastungen durch die Erkrankung der Tochter, oder sind der Ansicht, dass sich vorhandene Beschwerden hierdurch verstärkt haben.

Allerdings führe ich meine Krebserkrankung zumindest zum Teil auf die übergroße Belastung zurück, der ich durch die Magersucht/Bulimie meiner Tochter ausgesetzt war.

Nach der akuten Phase mit Kopfschmerzen und Schlafstörungen und als eigentlich gerade wieder alles in Ordnung war (allerdings konnte ich mir zu diesem Zeitpunkt dessen noch nicht sicher sein), bekam ich massive Rückenprobleme, die ich auch jetzt noch nicht ganz im Griff habe. Ich denke, dass es da schon einen Zusammenhang gab. Das war wohl meine Form der Bewältigung.

Es liegt der Gedanke nahe, den Gesundheitszustand der Mutter mit dem Gesundheitszustand der Tochter in Verbindung zu bringen. So ist anzunehmen, dass es auch den Müttern besser geht, wenn es der Tochter wieder besser geht.

Auf die Frage »Wie geht es Ihnen heute?« antworteten ca. zwei Drittel der Mütter von geheilten bzw. Töchtern mit stark gebessertem Gesundheitszustand, dass es ihnen *gut bis sehr gut* gehe.

Allerdings betonte auch ein Drittel der Mütter mit noch kranken Töchtern, dass es ihnen gut gehe. An diesen Müttern ist bemerkenswert, dass sie sich in Bezug auf ihr eigenes Wohlergehen weitgehend von dem Befinden ihrer Tochter gelöst haben. Sie stellen ihr eigenes Leben in den Vordergrund und versuchen, es sich gut gehen zu lassen, obwohl die Tochter noch nicht wieder gesund ist.

Mir geht es heute gut. Vom Kopf her versuche ich, die Verantwortung abzugeben, was vom Gefühl her noch nicht immer gelingt.

Im Ganzen sehr gut. Wenn die Tochter Probleme anträgt, gerate ich zwar noch schnell in die Coabhängigkeit, sehe dieses aber immer bewusster und versuche mich zu ändern.

Es ist aber auch zu erkennen, dass eine Gesundung bzw. starke Besserung des Gesundheitszustandes der Tochter nicht automatisch bedeutet, dass es der Mutter wieder gut geht.

Etliche Mütter, deren Töchter noch akut krank sind, bemühen sich darum, Abstand zu gewinnen und der Tochter die Verantwortung für ihr Leben zu überlassen. Auch hier wird räumlicher Abstand zur Tochter als hilfreich empfunden für das eigene Befinden.

Seit die Tochter ausgezogen ist, geht es mir wesentlich besser. Ich kann besser akzeptieren, dass sie ihr eigenes Leben führen muss, wenn es auch schwer zu ertragen ist, wie sie es lebt. (Drogen, Arbeitslosigkeit, depressiv)

Im nächsten Kapitel soll der Frage nachgegangen werden, wie das »soziale Netz« auf die Erkrankung der Tochter reagiert hat. Hier sind an erster Stelle die Väter der betroffenen Töchter zu nennen. Das Verhalten dieser wichtigen Bezugsperson für die Töchter wie auch für die Mütter spielt im Krankheitsverlauf für das Belastungserleben und auch für Bewältigungserleben und -handeln eine nicht zu unterschätzende Rolle.

Über (belastendes) Verhalten verschiedener Väter ist schon an anderer Stelle (z.B. unter »Alleingelassensein«, »Schuldzuweisungen von anderen«, »Sonstige Emotionen«) einiges ausgeführt worden. Nachfolgend sollen weitere Aspekte beleuchtet werden.

4

Väter

»Das ist nur eine pubertäre Erscheinung …«

Wie ist der Vater mit der Krankheit der Tochter umgegangen, wie hat er sich verhalten? Unterstützung für die Mutter?

Mütter berichten aus ihrer subjektiven Sicht über das Verhalten der Väter oder auch ihrer Lebenspartner und darüber, was dieses Verhalten für sie bedeutet.

Was die Mütter darlegen, zeichnet in vielen Fällen kein Ruhmesblatt für die Väter/Partner. So berichten fast zwei Drittel der Mütter, dass der Vater/Partner die Erkrankung der Tochter lange Zeit nicht ernst genommen hat oder sich nicht zuständig fühlte.

Sehr schlimm waren die Abgründe, die sich zwischen mir und meinem Mann auftaten. Nachdem wir uns 20 Jahre sehr gut verstanden hatten, wirkte er nun völlig unsensibel und gefühllos auf mich.

Mich belastet: die Haltung meines Mannes, der nicht nur seine Hände in Unschuld wäscht, sondern das Problem gar nicht gelöst haben will. Aus meiner Sicht, um von seinen eigenen abzulenken.

Aber es sind auch andere Stimmen zu hören, allerdings in einer geringeren Anzahl:

Mein Mann war mir eine große Hilfe, er verstand meine Gefühle – er war ja selber sehr betroffen, aber ich wurde halt mehr mit allem konfrontiert.

Als Erstes soll auf die häufigsten Reaktions- und Verhaltensweisen eingegangen werden:

Reaktionsweise 1: »*Du siehst Gespenster*«
Diese Väter/Partner **bagatellisieren und beschönigen** die Situation.

Das ist nur eine pubertäre Erscheinung.

Obwohl er einmal bei der Therapeutin anwesend war und von der Ernsthaftigkeit der Krankheit hörte, glaubte er immer noch an eine pubertäre »Masche«. Er ist noch heute verständnislos.

Er wollte die Krankheit zunächst nicht wahrhaben und versuchte, die Aufnahme in die Klinik zu verhindern, bagatellisiert leicht.

Sagt, man müsse ihr Verhalten so nehmen, wie es ist, eine pubertäre Veränderung.

Besonders zu Beginn der Erkrankung wurde manche Mutter dadurch auch in ihrer eigenen Wahrnehmung und Einschätzung verunsichert. Das hat zur Folge, dass sie abwartet, bis sich die Essstörung weiter verschlimmert hat. Wertvolle Zeit geht verloren.

Da aber der Vater die Sorge nicht teilt, möchte ich nicht

die Pferde scheu machen. Verstehen Sie, was ich sagen will?

Viele Väter sind der Ansicht, dass die Mutter übertreibt. Warum sollte ihre Tochter so etwas tun? Die Väter sind in der Regel erfolgreich in ihrem Beruf und finanziell gut situiert. Das erlaubt den Eltern, die Interessen und Begabungen ihrer Kinder in vielfacher Weise zu fördern, und sie erwarten, dass die Kinder davon profitieren. Die Erkrankung passt nicht in das Bild der Väter von ihrer Tochter bzw. Familie.

In unserer Familie gibt es so was nicht.

Aber wir sind doch eine ganz normale Familie.

Nach dem Motto »Weil nicht sein kann, was nicht sein darf« machen diese Väter Augen und Ohren zu und hoffen, dass sich das Problem schon wieder von alleine einrenken wird. Die Essstörung der Tochter wird **abgewehrt und verdrängt**.

Er tat lange Zeit so, als ob alles in Ordnung sei.

Selbst Anfang Dez., als sie zusehends schwächer und dünner wurde, glaubte mein Mann immer noch an eine stetige Gewichtszunahme.

Monatelang hat mein Mann die Krankheit gar nicht wahrgenommen. Er hat sie sicherlich verdrängt und nicht gewollt, dass seine Tochter krank ist.

Wollte es zunächst nicht glauben und hielt mich für hysterisch und die Tochter für launenhaft.

Am Anfang Augen und Ohren zugemacht, innerlich dicht gemacht.

Reaktionsweise 2: »*Das ist nicht mein Problem*«
Diese Väter haben in der Vergangenheit die Erziehung der Tochter überwiegend an die Mutter delegiert und fühlen sich deshalb unbeteiligt.

Viele (Mittelschicht-)Familien funktionieren nach diesem Muster: Der Vater fühlt sich hauptsächlich für das materielle Wohl der Familie zuständig, während die Ehefrau und Mutter ihm nach Möglichkeit »den Rücken freihält« von den alltäglichen Anforderungen und für das emotionale Wohl der Familie sorgt.

Es belastet mich enorm, weil ich mich als Mutter einfach schuldig fühle und dies auch in der Haltung meiner Umgebung (Mann, Eltern etc.) unbewusst zum Ausdruck kommt, selbst wenn es offensichtlich ist, dass mein Mann zur Erziehung nur einen unzureichenden Anteil beiträgt, weil er sich einfach entzieht und seine Erfüllung im Beruf sucht.

So ist ein Merkmal dieser Reaktionsweise, **sich nicht zuständig zu fühlen**.

Da muss zwischen euch – Mutter/Tochter – was schief gelaufen sein.

Fühlte sich anfangs nicht beteiligt. Als Mutter-Tochter-Problem abgehandelt.

Für viele Väter ist das Verhalten der Tochter aber auch nicht nachvollziehbar. Es passt nicht in ihr Weltbild oder auch Gesundheits- und Krankheitsverständnis, dass jemand so etwas tun kann. Das führt dann zu **Unverständnis und Gleichgültigkeit**.

Er hat das Hungern als alberne Laune hingestellt und war nicht im Geringsten bereit, sich damit auseinander zu setzen (warum auch?!).

Interessierte ihn nicht, vielleicht auch nur hilflos, schimpfte wegen der Kosten.

Der Vater hat die Krankheit nicht zur Kenntnis genommen. Seine Reaktion: »Dir fällt auch immer wieder etwas Neues ein.«

Er hat die Krankheit nicht gesehen, sie war ihm egal, als er davon wusste. »Das berührt mich nicht«, sagte er.

Sah nicht ein, dass die Tochter eine Klinik brauchte, riet ihr davon ab (Du schaffst das doch alleine!, Deine Lehre usw.) Ließ mich allein nach einer Klinik suchen.

In der allerersten Phase hat er die Krankheit überhaupt völlig verdrängt. Auch später war er keine Hilfe, weder für mich noch für meine Tochter. Das war ihm einfach alles zu kompliziert, er konnte – und wollte – sich da auch nicht reindenken. Er kann mit Gefühlen nicht gut umgehen.

Auch andere Mütter berichten in ähnlicher Weise:

Er ist eher ein kühler Typ, er kann mit Gefühlen nicht gut umgehen.

Gab mir zu verstehen, dass er sich damit nicht beschäftigen kann (will). Sachlich, realistisch, eiskalter Realist.

Er wurde von zu Hause aus auf Starksein getrimmt.

Es berührt ihn nicht.

Er sieht es so: **Nur die Tochter hat ein Problem,** und nun soll sie sehen, dass sie damit fertig wird.

Ratschläge an die Tochter, wie »Du musst mehr essen!« – »Du machst dich kaputt!«, Ansonsten Delegation dieses Problems an die Frau/Mutter, wie in den Jahren vorher.

Unverständnis, das ist nur eine »Marotte«, sie sollte was »Anständiges« tun, wie Sport usw.

Für die erkrankte Tochter ist ein distanziertes oder auch desinteressiertes Verhalten des Vaters sehr nachteilig. Auch wenn die Töchter es zum Teil nicht zugeben, so ist der Vater für sie doch sehr wichtig. Das Selbstwertgefühl dieser Mädchen und jungen Frauen ist in der Regel sehr gering, und es besteht die Gefahr, dass es dadurch noch weiter reduziert wird. Die betroffene Tochter kann dann das Desinteresse des Vaters als Beweis dafür sehen, dass sie eben nichts wert ist.

Eine distanzierte Haltung des Vaters/Partners schließt jedoch nicht aus, dass diese mit den Verhaltensweisen der Tochter konfrontiert werden. Nicht wenige Väter/Partner fühlen sich provoziert, glauben, dass die Tochter sie reizen will oder aus Trotz handelt, woraus dann häufig Machtkämpfe entstehen.

Er war zunächst schockiert, zutiefst erschrocken, begegnete aber unserer Tochter noch lange mit seiner väterlichen Autorität. Es kam zeitweilig zu heftigen Auseinandersetzungen.

Oft kommt es dann zu zirkulären Prozessen. Der Vater erlebt, dass die Tochter seine Autorität (z.B. bei Interventionen in Bezug auf ihr Essverhalten) ignoriert, und er verstärkt sein autoritäres Verhalten (will zeigen, wo es langgeht); die Mutter findet dieses Verhalten zu autoritär und glaubt es ausgleichen zu müssen mit noch mehr Verständnis. Das bedeutet: Beide Elternteile verstärken ihr jeweiliges Verhalten und die problematischen Interaktionen nehmen zu. Aus den Ausführungen einiger Mütter geht hervor, dass es häufiger schon vor der Erkrankung der Tochter unterschiedliche Erziehungsstile gab, aber unauffälliger, wobei meist die Mutter den Vater als zu autoritär, dominant und unsensibel empfand und der Vater die Mutter als zu lasch und nachgiebig. Für ein Gesundwerden der Tochter ist es jedoch wichtig, dass die Eltern an einem Strang ziehen. Andernfalls können die Töchter die Eltern gegeneinander ausspielen, was einer Besserung der Essstörung entgegensteht.

Am wichtigsten ist Einigkeit der Familie im Verhalten der Magersüchtigen gegenüber. Dieses Verhalten sollte ganz konsequent und dabei liebevoll sein.

Er hat versucht mich zu unterstützen, aber er konnte nicht immer damit umgehen. Er ist sehr autoritär. Aber es ist schon besser geworden.

Mancher Vater möchte der Tochter helfen, aber eben nach seiner Vorstellung, welche des Öfteren nicht dem entspricht, was die Tochter zu dem Zeitpunkt braucht.

Mein zweiter Mann hat versucht, die Tochter durch »Aktivitäten« zu heilen (das Kind soll mal in einen Sportverein gehen, eine Reise machen usw.), geht jetzt sehr freundlich, aber auch zurückgezogen mit ihr um. Möchte ihr aber »etwas zutrauen« (sie so motivieren), geht aber zu sehr von seinen Interessen aus. Er ignoriert jetzt sozusagen die Er-

krankung, will »einfach normal« mit ihr umgehen, was aber eine Illusion ist, denn er geht ja nicht unbefangen mit ihr um, sondern versucht immerzu, ihr zu helfen, sie zu »therapieren« – freilich auf seine Art, da er von Psychotherapie leider nichts hält.

Mit einer solchen Haltung steht dieser Vater nicht allein. Etliche Mütter berichten von einer sehr skeptischen Einstellung des Vaters jeder Art von Psychotherapie gegenüber, was dann dazu führen kann, dass dieser sich weigert, an Therapiegesprächen teilzunehmen. Das ist sehr bedauerlich, denn gerade die Einbeziehung auch des Vaters ist wichtig.

Mein zweiter Mann lehnt eben Psychotherapie ab und meinte immer, ich sei nur begierig auf Probleme, ich wäre »therapiesüchtig« – ich sagte, dass das die einzige Hilfsmöglichkeit sei – wenn es überhaupt eine gäbe!

Anfangs war er sehr dafür, mit dem Kind zum Arzt zu gehen, als er aber etwas von Familientherapie beim Psychotherapeuten hörte, wollte er auf gar keinen Fall daran teilnehmen. Als er dann hörte, dass Magersucht eine lebensbedrohende Krankheit ist und dass es nichts bringt, wenn ich mit meiner Tochter allein zur Therapie gehen würde, hat er sich doch sofort entschlossen mitzugehen. Aber er tat es nicht gerne.

Auch zum Besuch von Selbsthilfegruppen können sich viele Väter nicht durchringen, obwohl gerade dort für Väter ein Erkenntnisgewinn möglich ist, wie nachfolgendes Zitat zeigt.

Mit meinem Mann war ich einmal in einer Selbsthilfegruppe (40 km Autofahrt) für Eltern. Für meinen Mann war es ein totales »Aha«-Erlebnis. Die Mütter und ein Vater berichteten von ihren Kindern, und mein Mann war erschüttert, was da alles ablief. Und er war noch erschütterter, dass es bei uns auch so gelaufen war.

In den Ausführungen der Mütter ist durchaus auch von großen Ängsten und Hilflosigkeit bis hin zur Verzweiflung der Väter die Rede.

Erst hat er viel geschimpft, später war er sehr verzweifelt.

Da geht es ihnen im Grunde wie den Müttern. Auch viele Väter leiden und sind betroffen, aber sie zeigen es oft nicht. Gerade deswegen könnten auch die Väter von einer Teilnahme an Therapiegesprächen oder Selbsthilfegruppen profitieren. **Positiv zu verzeichnen ist, dass es im Verlaufe der Erkrankung der Tochter bei einer Reihe von Vätern Wendepunkte gibt, die zu Veränderungen im Verhalten führen: Sie nehmen Anteil und unterstützen auch die Mütter.**

Er hat erst wenig Verständnis gezeigt. Durch die Familientherapie hat sich das geändert. Heute hat er ein sehr herzliches Verhältnis zu unserer Tochter.

Nachdem ich meine Tochter bei ihrem Zusammenbruch Mitte Dezember auf die Waage gezerrt hatte, war sie erleichtert, dass wir nun die Wahrheit wussten. Sie weinte heftig darüber, dass sie uns so betrogen und unser Vertrauen missbraucht hatte. In ihrem Verhältnis zu mir war dies ein Neuanfang: Sie konnte wieder offen sein. Ich persönlich schöpfte auch wieder Hoffnung und mobilisierte meine letzten Reserven, um dem Kind aus dieser Situation herauszuhelfen. Von da an zog mein Mann mit mir an ei-

nem Strick und die ganze Lage wurde für die Familie erträglicher.

Oft sind es allerdings gravierende Ereignisse, wie z.B. ein Selbstmordversuch der Tochter oder eine ernst zu nehmende Komplikation im Gesundheitszustand der Tochter, die einen Sinneswandel auslösen.

Schlecht am Anfang, er wollte es nicht wahrhaben, bis zu ihrem Selbstmordversuch. Er litt sehr arg, konnte seinen Gefühlen freien Lauf lassen und weinte eine Nacht lang an meiner Brust, bat mich um Verzeihung, weil er die Augen nicht früher aufgemacht hat.

Hilflos und möglichst alles verdrängen. Unterstützung für Tochter und Mutter dürftig. Seit Rückfall und Herzschrittmacher totale Veränderung. Er unterstützt Tochter und Ehefrau, versteht die Krankheit und ich habe eine Schulter zum Anlehnen (wieder).

Mein Mann hatte nach dem Unfall (der Tochter) ein sehr schlechtes Gewissen. Er weinte oft und hätte die Vergangenheit gern rückgängig gemacht. Heute hat er auch ein sehr gutes Verhältnis zu seiner Tochter trotz Bulimie.

Auch eine Erkrankung der Mutter kann Verhaltensänderungen beim Vater bewirken.

Ich bekam mehr Unterstützung nach meinem Schlaganfall bis hin, dass er versuchte, Belastungen von mir fern zu halten. Einsatz!

So kann positiv vermerkt werden, dass im Verlaufe der Essstörung der Tochter nur noch jeder zweite Vater sich nicht unterstützend verhält und bei Befragung III (nach sechs Jahren) immerhin zwei Drittel der Mütter, die an dieser Befragung teilgenommen haben, den Vater/Partner nun als eher verständnisvoll und unterstützend wahrnehmen.

Er konnte nach und nach meine Sorgen und Ängste und auch Schuldgefühle verstehen und auch seinen Anteil erkennen.

Eine andere Mutter schreibt:

Er unterstützt mich sehr, hört mir zu und nimmt mich ernst. Versucht Zusammenhänge zu verstehen. Er hat viel gelernt, was Unterstützung für mich bedeutet. Heute hat er das Gefühl, viel versäumt zu haben, und bedauert, nicht vor fünf Jahren so weit wie heute gewesen zu sein. Er hat heute mehr Schuldgefühle als ich. Hilflosigkeit.

Ungefähr ein Drittel der Väter zeigte sich von Anfang an anteilnehmend und entwickelte meist Tochter und Mutter gegenüber Einfühlungsvermögen und Verständnis.

Reaktionsweise 3: *»Wie kann ich helfen?«*

Er versuchte, mit ihr zu reden, schrieb lange Briefe (auf Anraten des Therapeuten), versuchte, um sie zu werben. Er konnte es etwas leichter ertragen als ich – er unterstützte mich und zeigte viel Verständnis.

Sich sehr gesorgt, trotz Zeitmangels Familientherapie, viele Gespräche, Reise nur mit der Tochter.

Seine Unterstützung ist vorbildlich. Er kam auch, als einer der wenigen Väter, öfter zu den Selbsthilfegruppentreffen.

Trotz zeitlicher Probleme kommt er immer mit zur Therapie.

Er hat mit mir und auch mit der Tochter gelitten. Wir konnten uns auf ihn verlassen.

Immer gesprächsbereit … Wir telefonieren meistens zusammen mit unserer Tochter. Oftmals ruft er sie aber auch allein an, weil er einfach mit ihr sprechen möchte.

Er hat, obwohl er sonst einen eher schwer zugänglichen Charakter hat, viel Verständnis gezeigt und mit seinem Zuspruch und seiner Unterstützung unserer Tochter geholfen.

Manche Väter versuchen, über den Weg der praktischen Hilfe bei Alltagsaufgaben den Kontakt zur Tochter nicht zu verlieren.

Er konnte und kann das Verhalten nicht einordnen. In praktischer Hilfe war er immer für sie da.

Oder die Väter kümmern sich auch um organisatorische Probleme (Klinik, Krankenkasse) und besorgen Informationen.

Er war sehr verständig, war zu allem bereit (z.B. Gespräche), was zum Heilerfolg beitragen konnte. Zeitweise war er der Stärkere und übernahm die organisatorische Führung. Er erhielt nach langen Telefonaten mit verschiedenen Kliniken den hilfreichen Hinweis auf das W.

Viele dieser Väter unterstützen die Mütter, indem sie für deren Sorgen und Gefühle ein offenes Ohr haben und gemeinsam mit ihnen nach Wegen suchen, der Tochter zu helfen. Für die Mütter ist diese Hilfe sehr wichtig.

Dass er sich meine Sorgen und Ängste verständnisvoll angehört hat und wir zusammen nach richtigen Lösungen gesucht haben.

Mein Partner hat mir sehr geholfen, Ängste und Schuldgefühle abzubauen.

Sehr gut und immer für Aussprachen bereit. Ich konnte immer mit meinen Sorgen zu ihm kommen.

Er hat seine Ängste gezeigt und immer gespürt, wenn ich mit vielen Dingen nicht fertig wurde, und liebevoll unterstützt und geredet.

Dass der Vater/Partner spürt, wenn die Mutter mit den Anforderungen an sie nicht fertig wird, ist nicht selbstverständlich.
So z.B. betonen etliche Mütter, dass es wichtig sei, aktiv Unterstützung von den Vätern/Partnern einzufordern. Sie haben gelernt, dieses zu tun.

Eine Unterstützung habe ich immer erhalten. Ich habe sie aber auch einfach gefordert. Schwierigkeiten gab es da kaum.

Wenn es nötig ist, habe ich jederzeit einen Gesprächspartner in ihm.

Aber es scheint für manche Mutter auch nicht immer einfach zu sein, Verantwortung abzugeben:

Mein Mann hat mich weiterhin intensiv unterstützt; mittlerweile kann ich mich selbst dadurch entlasten, dass ich ihm Entscheidungen überlasse und mich dabei wohl fühle.

Viele auch der engagierten Väter scheinen die Problematik der Krankheit mit mehr Distanz zu erleben als die Mütter.

Sein Denken und Handeln war meist nicht so emotional wie bei mir, sondern eher rational.

Das Verhalten hat ihm nicht so zugesetzt wie mir.

Wesentlich weniger von Ängsten geplagt, kann sich viel leichter distanzieren und ablenken.

Hier könnten Mütter von den Vätern lernen: Distanz in einer positiven Wirkung, wenn diese nämlich verhindert, sich zu sehr zu verstricken.

Gerade habe ich meinen Mann gefragt, was er damals empfunden hat. Er sagte, ihr Verhalten hat ihm nicht so zugesetzt wie mir. Dass ich so gelitten habe, hat ihm mehr zu schaffen gemacht. Er hat auch immer versucht, ihr zu helfen.

Er war auch sehr verzweifelt, hat sich aber unserer Tochter gegenüber distanzierter verhalten als ich; er hat sich auch mehr Freiraum geschaffen.

Auswirkungen auf die eheliche Beziehung

In den gemeinsamen Erfahrungen dieser schwierigen Zeit liegen Gefahren und Chancen für die eheliche Beziehung.

Mein Mann und ich haben uns in den vielen Monaten so oft gestritten, dass wir am liebsten die Scheidung beantragt hätten, obwohl wir uns nach wie vor lieben.

Es kriselt in der Beziehung zu meinem Mann, weil ich es ihm übel nehme, dass er weiterhin so am Rande steht.

Die Ehe litt sehr darunter, ich dachte an Scheidung.

Ich habe mich 3 Jahre lang nur mit meiner Tochter beschäftigt – dabei meine sowieso nicht besonders gute Ehe noch mehr vernachlässigt.

Mein Mann und ich haben nach 22 Ehejahren eine tiefere Beziehung bekommen.

Positiv: Das stärkere und echte Miteinander mit meinem Mann.

Unsere Beziehung ist eigentlich durch die Krankheit von ihr noch besser geworden.

Unsere Ehe hat sich zu einer herzlichen Partnerschaft entwickelt. Er hilft mir auch sehr bei der Pflege seiner Mutter!!

Zum engeren sozialen Netz gehören neben den Vätern/Partnern auch die Geschwister der Betroffenen.

Geschwister

»Zwischen Mitleid und Aggression«

Vier von fünf betroffenen Töchtern haben Geschwister, die Hälfte von ihnen nimmt den Rang des ältesten Kindes ein.

Manche Geschwister leben nicht mehr im Haushalt der Eltern oder die betroffene Tochter lebt nicht mehr mit den Geschwistern im Haushalt der Eltern, andere Geschwister sind noch sehr klein (Kindergartenkinder).

Wie haben sich die Geschwister verhalten?

Ungefähr die Hälfte der Geschwister wird als hilfreich und unterstützend von den Müttern beschrieben. Sie seien verständnisvoll, mitfühlend, liebevoll, zum Teil engagiert, besorgt und geduldig gewesen oder hätten sich einfach nur normal bzw. neutral verhalten.

Der Bruder hat sich sehr positiv verhalten. Er hat Gespräche mit ihr geführt. Manchmal war er aber auch durch die stundenlangen Diskussionen abgeschreckt, wenn keine Konsequenzen daraus gezogen wurden. Er zeigt aber ihr gegenüber zärtliches Verhalten.

Für die andere Hälfte der Geschwister wurde am häufigsten über distanziertes, ignorierendes Verhalten berichtet, gefolgt von aggressivem oder verständnislosem Verhalten.

Schwester reagiert mit Abwesenheit! Bruder ist hilflos und aggressiv, wagt sich nicht zu wehren, lässt sich aber auch gern von ihr bekochen.

Das Verhältnis kann sich aber auch so entwickeln, dass sich die Geschwister zunächst um die erkrankte Schwester bemühen und sich verständnisvoll und unterstützend verhalten, dann aber irgendwann resignieren und ein eher distanziertes oder aggressives Verhalten zeigen.

Am Anfang geduldig und mitleidig. Jetzt sehr aggressiv.

Die Geschwister, alle in medizinischen Berufen tätig, haben sich in Liebe viele Gedanken gemacht, sie eingeladen, Touren mit ihr gemacht. Vor einem Jahr waren aber alle »mürbe« und sie konnten nicht mehr helfen.

Erst verständnisvoll, das Nichtessen nicht zum Thema machen – inzwischen ein genervtes Sichzurückziehen.

Zunächst offen und hilfsbereit, z.B. gemeinsamer Besuch einer Familientherapie gewünscht. Inzwischen Hass und »Nicht-zur-Kenntnis-Nehmen«.

Genauso ist es aber auch möglich, dass aus einem zunächst belasteten Verhältnis ein gutes wird.

Zunächst eifersüchtig, heute haben sie ein gutes Verhältnis.

Nicht selten verhalten sich innerhalb einer Familie mit mehreren Kindern die Geschwister unterschiedlich.

Die älteste Schwester hatte immer eine kühle Beziehung zu ihr, sie hält sich daher völlig heraus und will, dass meine Tochter alleine damit zurechtkommt. Die andere Schwester hat meiner Tochter und mir viel geholfen, sie ist immer über alles informiert worden. Sie hat oft auch eine Vermittlerfunktion zwischen meiner Tochter und mir übernommen. Fühlt sich damit aber teilweise überfordert.

Immerhin ist festzustellen, dass sich über mehrere Jahre gesehen bei den meisten Geschwistern ein neutrales/normales Verhalten gegenüber der erkrankten Schwester einstellt, besonders wenn die Schwester sich erholt hat oder wieder gesund ist.

Eine Differenzierung nach Brüdern und Schwestern ergab, dass es mehr unterstützende Schwestern gab als Brüder.

Teil III

Hilfe und Bewältigung

5

Gesprächspartner

»Gespräche können momentan erleichtern …«

Mit wem haben die Mütter über die Krankheit ihrer Tochter gesprochen?

Obwohl ca. zwei Drittel der Mütter aus Befragung I dem Vater über einen längeren Zeitraum kein anteilnehmendes oder hilfreiches Verhalten bescheinigten, wird doch der **Vater** bzw. **Partner** als häufigster Gesprächspartner genannt.

Anfangs nur mit meinem Mann, weil meine Tochter mich zum Schweigen verpflichtet hatte. Heute spreche ich mit fast jedem Menschen darüber.

Sehr viel mit meinem Mann, der konnte es nachher nicht mehr hören, da sich bald alles nur noch um unsere Tochter drehte.

An zweiter Stelle stehen **Freunde und Bekannte**.

Mit einer ganz lieben Freundin zu dem Zeitpunkt, als es hieß, wir müssen zum Psychologen. Später haben wir auch mit Verwandten und Bekannten und Nachbarn darüber geredet.

Etwas später mit Freunden, die ich schon seit 20 Jahren kenne und mit denen ich gut befreundet bin. Ich habe vorher meine Tochter gefragt, ob es ihr auch recht sei.

Ich hatte sehr nette Kolleginnen, sie haben mir viel Mut und Kraft zugesprochen. Nach meinem Umzug fehlt mir dieser Kontakt sehr.

An dritter Stelle stehen **sonstige Familienangehörige** als Gesprächspartner. Es können andere, meist ältere Kinder sein, Geschwister der Mütter (meist Schwestern), die eigene Mutter/Eltern oder sonstige Verwandte.

Gespräche **mit anderen betroffenen Müttern (Eltern)**, sei es in Selbsthilfegruppen oder durch private oder auch Klinikkontakte, wurden in Befragung I nur selten genannt.

Außerdem mit einer guten Bekannten, deren Tochter (18 J.) ebenfalls Magersucht hat und einen Klinikaufenthalt von einigen Monaten hinter sich hat. Diese Gespräche halfen mir oft, da es viel Verständnis für die meist gleichen Probleme mit deren Tochter gab, auch Austausch, wie man sich in manchen Situationen verhalten hat.

Bei der letzten Befragung (sechs Jahre nach der ersten) hatte sich dies geändert. Jetzt gab jede zweite Mutter an, mit anderen betroffenen Eltern gesprochen zu haben. Aus einer Reihe von Äußerungen ist zu folgern, dass zum einen neue Selbsthilfegruppen gegründet wurden und zum anderen immer mehr Mütter mutig genug waren, diese Gruppen auch aufzusuchen, und die Gelegenheit zu Gesprächen mit anderen betroffenen Eltern nutzten.

Auffallend ist, dass nur jede zehnte Mutter über Gespräche mit **LehrerInnen** der Tochter berichtet. Dieses erscheint sehr wenig, da die meisten Betroffenen bei Beginn noch Schülerinnen waren oder sind.

Außerdem wurden Gespräche mit **Ärzten und Therapeuten** angegeben. Auf diese soll im Rahmen der Bewertung der Gespräche eingegangen werden.

Auch allgemeine Formulierungen, wie *mit allen Leuten, mit jedem, der mich gefragt hat, mit vielen Menschen, mit allen, die es hören wollten oder auch nicht,* werden von den Müttern verwendet. Es handelt sich hier vor allem um Mütter, die meist von Anfang an offen mit der Erkrankung der Tochter umgegangen sind:

Zu jedem Zeitpunkt und mit allen, von denen ich uns eventuell Hilfe erhoffte.

Ich spreche mit allen Leuten offen über die Krankheit meiner Tochter und habe dies auch von allem Anfang an getan.

Diese Mütter sind aber in der Minderheit (weniger als zwanzig Prozent).

Wie häufig führen Mütter Gespräche über die Erkrankung der Tochter? Hier wird eine große Heterogenität sichtbar. Sie reicht *von fast täglich, weil es fast täglich Probleme gab* über *häufig* bis *sehr selten*.

Zu welchem Zeitpunkt beginnen Mütter, mit anderen Personen über die Krankheit zu sprechen?

Auch bei dieser Frage ist eine große Bandbreite festzustellen, es lassen sich aber einige Stationen ausmachen:

- von Anfang an, sehr früh

Familie – Verwandtschaft – Freunde – Kollegen – betroffene Eltern anderer Magersüchtiger – Therapeuten. Sehr früh, als ich selbst noch vage Informationen hatte.

- nach eigener Diagnose-Sicherheit

Mit meinem Mann nach ca. $^1/_2$ Jahr, als mir klar wurde, die Tochter hat Magersucht – mit befreundetem Arzt/mit Freunden des engeren Kreises.

- nach »dem ersten Schock«, nach »Eingeständnis«

Erst nachdem ich mir eingestanden hatte, wie schlimm es mit meiner Tochter ist, habe ich mich vertrauensvoll an meine Adoptivmutter gewandt, die mir dann prompt sagte, ich allein wäre an allem schuld.

- nach Bekanntwerden, als es sichtbar wurde

Meinem Mann, dem großen Bruder, meinen Eltern – nach Bekanntwerden. Nach einigen Wochen: Schwester, Kollegin (Schuljugendberaterin). Nach Monaten: Freundinnen.

Sobald das Essverhalten auffällig wurde, war es Thema in der Familie, Freundeskreis, Nachbarschaft.

- auf Nachfrage anderer Personen

Ich habe es jedem, der mich gefragt hat, was mit ihr los ist, gesagt.

Eine Änderung des kommunikativen Verhaltens im Verlaufe der Erkrankung kann sich ergeben.

Kontakte zu wildfremden Eltern und Kranken in der allerersten Phase. Später hatte ich das Gefühl, anderen »auf den Wecker« zu gehen. Gebe heute nur noch knappe Auskunft auf Fragen.

Nun bedeutet »Gespräche führen« ja nicht automatisch, dass diese zu einer Entlastung beitragen oder hilfreich für die Mütter sind.

Es gab viel Unverständnis von vielen Seiten, und ich dachte oft, meine Kraft reicht nicht, um das alles zu ertragen.

Gesprochen: mit Ehemann (versucht), Freundinnen (verharmlost), Eltern (Du hast ja schon immer schwarz gesehen, vieles gibt sich von selbst. Du musst ihr ihre Persönlichkeit lassen).

Wie den oben zitierten Müttern erging es einigen Müttern. Deswegen die Frage: Welche Gesprächspartner und welche Art der Gespräche waren für die Mütter hilfreich?

Hilfe

»Wirkliche Hilfe erfuhr ich nirgends …«

Als hilfreich empfunden wird zwar häufig schon die Tatsache, dass jemand überhaupt zuhört (Mütter sind da nicht verwöhnt), jedoch hängt der Grad des Hilfreichen davon ab, in welcher Weise jemand zuhört. So weisen Mütter darauf hin, dass vorwurfsfreies Zuhören (ohne Schuldzuweisungen) ihnen gut tut. Dass sie dieses extra betonen, spricht für sich.

Wichtig ist auch, dass der Gesprächspartner so vertraut ist, dass offene Gespräche möglich sind. Dann helfen sie den Müttern, inneren Druck abzubauen, etwas von der Last abzugeben, und dieses schafft Erleichterung, wenn auch häufig nur für kurze Zeit, wie viele Mütter anmerken.

Gespräche haben teilweise den inneren Druck abgebaut.

Als besonders hilfreich wurden die **Gespräche mit anderen betroffenen Eltern** erlebt. Mütter verweisen darauf, dass sie hier Gesprächspartner haben, die *wissen, wovon sie reden,* und das empfinden sie als sehr wohltuend.

Die Gespräche in der Selbsthilfegruppe haben mir am meisten geholfen.

Herr X. initiierte eine Elterngruppe, die einmal monatlich zusammenkam. Das war überaus hilfreich. Hier erfuhr man erstmals, dass man nicht alleine war mit seinem Problem.

Eine ihrer Erfahrungen ist, dass viele Außenstehende sich nicht vorstellen können, was es für das tägliche Leben bedeutet, ein Kind mit Magersucht oder Bulimie im Haushalt zu haben. Da werden dann in Gesprächen mit leichter Zunge Ratschläge gegeben, die die Mütter eher frustrieren als ihnen helfen.

Die vermeintlich guten Ratschläge von Leuten, die uns nicht richtig kennen.

Vielleicht auch deswegen betont manche Mutter, mit anderen betroffenen Eltern offenere und ehrlichere Gespräche führen zu können als mit »unerfahrenen« Personen.
Gespräche mit **Freundinnen/Freunden** wurden von den meisten Müttern als hilfreich empfunden.

Geholfen haben mir in schlimmen Augenblicken Gespräche mit meinem Mann (ab und zu) und mit meiner guten langjährigen Freundin, die mir zwar Verständnis entgegenbringt, die Situation, mangels Erfahrung, wie sie selbst zugibt, aber auch oft nicht verstehen kann.

Es müssen nicht immer Erfahrungen mit Essstörungen sein, auch andere Arten von Sucht, z.B. Alkoholismus, oder Erfahrungen mit anderen Lebenskrisen machen Gesprächspartner einfühlsamer und hilfreicher für Mütter.

Gute Freundinnen, die selbst Schicksalsschläge hinnehmen mussten.

Die Erfahrungen der Mütter mit **LehrerInnen** sind unterschiedlich, es gab sowohl hilfreiche wie nicht hilfreiche Gespräche:

Kontakt hatte ich auch zu ihren Lehrern aufgenommen,

doch habe ich nur mehr oder weniger versteckte Vorwürfe gehört (»Sie vermisst sicher Liebe bei Ihnen«).

Auch die Lehrer zeigten zum Teil großes Verständnis.

Interessant ist die Bewertung der Gespräche mit dem Vater/Partner am Ende des Befragungszeitraums von sechs Jahren. Zwar teilweise eingeschränkt durch Formulierungen wie *manchmal* oder *ab und zu*, bewerten nunmehr ca. 70 Prozent der Mütter, die an Befragung III teilgenommen haben, die Gespräche als hilfreich. Das korrespondiert mit den Ergebnissen zum überwiegend als unterstützend und verständnisvoll empfundenen Verhalten der Väter am Ende des Befragungszeitraums.

Die Beurteilung der Kontakte mit **Experten** (Hausärzte, Fachärzte, Klinikärzte, Psychiater, Psychologen und Therapeuten) fällt unterschiedlich aus. Hauptsächlich die Gespräche mit ambulanten Therapeuten wurden von den meisten Müttern, die solche Gespräche führten, als hilfreich erlebt. Hierbei handelt es sich vor allem um Gespräche mit eigenen Therapeuten der Mütter.

Geholfen haben mir wie gesagt die Gespräche mit einer Psychologin, die Erfahrung mit Magersüchtigen hatte.

Gespräche mit dem Therapeuten der dritten Therapie, dann meine eigene Therapeutin.

Die Gespräche mit Klinik-Therapeuten und Ärzten wurden von den Müttern häufig als nicht zufriedenstellend empfunden. Viele Mütter fühlten sich in ihrem Leid und in ihrer Not von ihnen nicht angemessen wahrgenommen.

Mütter wünschen sich mehr Rat, Hilfe und Information, mehr Transparenz in den Töchter-Therapien und Einbeziehung in die Therapie, außerdem ganz allgemein mehr Gesprächsmöglichkeiten mit den behandelnden Therapeuten.

Es ist so wichtig, in einem Prozess dieser Art nicht ohne die Eltern oder Elternteil zu arbeiten. Denn sie sind so hilflos, und ich denke manchmal auch, in ihrer Hilflosigkeit machen sie noch mehr falsch, und alles wird noch schlimmer, als es schon für den Bulimie-Erkrankten ist. Die Eltern aus der Arbeit auszuklammern heißt für mich auch, sie nicht ernst zu nehmen, ernst zu nehmen in ihrem Bemühen zu helfen, oder, wenn das nicht möglich ist, wenigstens sie Begreifen zu lehren, warum alles so kommen musste, gekommen ist, denn es ist fürchterlich, gegen etwas anzugehen, was nicht SICHTBAR gemacht wird.

Ich hätte mir aus heutiger Sicht eine Familientherapie gewünscht oder zumindest ein Gespräch mit den Therapeuten, einfach um unsere Reaktionen, unsere Versuche, zu helfen, besser beurteilen zu können. Ich war immer wieder nur auf mich selbst gestellt, musste immer alles selbst lösen.

Auch mehr Einfühlungsvermögen in die Situation von Eltern sowie wahrnehmbare Akzeptanz und Wertschätzung der Eltern werden als Wünsche formuliert.

Dass einen die Ärzte/Psychologen nicht sofort in die Schublade »Mutterglucke« stecken. Ich wusste aus allen Büchern, dass mein Kind selbstständig sein Leben und die Magersucht-Behandlung anpacken sollte, aber ohne mich wäre sie zu keinem Arzt, keiner Klinik gegangen. Und dann die strafenden Blicke der Psychologen und »Komm das nächste Mal allein ohne die Mutti«. Als Mutter fühlte ich mich ohnehin als Versager und war verzweifelt, etwas Aufmunterung und Verständnis hätten gut getan.

Damals wünschte ich mir, von den behandelnden Ärzten als Mensch wahrgenommen und nicht nur als Mutter der Tochter registriert zu werden; schon ein gelegentliches Gespräch oder nur angehört werden hätte Hilfe bedeutet!

Neben der Beurteilung der Gespräche wurden die Mütter gefragt:

Was haben Sie als Hilfe erlebt?

An erster Stelle steht hier die **Informations- und Wissensvermittlung**. Sie wird von 80 Prozent der Mütter genannt. Als Hauptquelle werden Bücher und Zeitschriften angegeben. Viele Mütter sind begierig danach, mehr über diese Krankheit zu erfahren, um sie besser zu begreifen und zu verstehen. Sie hoffen auf Informationen, wie sie der Tochter konkret helfen können und wie sie sich verhalten sollen.

Es wird deutlich, dass die Mütter zunächst Hilfe suchen für die Bewältigung der Situationen, die direkt mit der Erkrankung der Tochter und deren Symptomverhalten zu tun haben. Hier steht die Hilfe für ihre Töchter im Vordergrund, die sie dann auch als Hilfe für sich empfinden.

Alle Bücher, die zu diesem Thema aufzutreiben waren, gekauft und gelesen.

Auch Bücher haben mir etwas geholfen.

Bücher gaben mir Infos und Wissen über das unbekannte Thema.

Aus Büchern, Vorträgen, Fernsehsendungen habe ich mir Information und Hilfe geholt.

Habe sämtliche auffindbare Bücher/Literatur gelesen – was mir zu einem eigenen Standpunkt verholfen hat.

Einige Mütter schränken den Hilfsaspekt von Büchern ein. Sie unterscheiden zwischen Wissensvermittlung und Hilfe und nennen auch belastende Aspekte.

Natürlich habe ich sehr viele Bücher und Publikationen zum Thema gelesen auf der Suche nach Hilfe, geholfen haben sie aber höchstens zum besseren Verstehen der Krankheit.

Ich habe auch versucht, mit Büchern mir ein breiteres Wissen über diese Krankheit zu verschaffen, aber ein Rezept, wie man helfen kann, gibt es leider nicht.

Bücher, um mich in der Problematik zurechtzufinden (allerdings nur bedingt hilfreich, streckenweise eher belastend).

Weiterhin werden »Unterstützung im täglichen Leben« und »Verständnis und Zuneigung« genannt.

Hilfe ist für mich, ernst genommen zu werden, tun muss ich die Dinge selber, Hilfe ist für mich Verständnis.

Angenommensein von Freunden.

Da zu sein, wenn man reden will ... Zeichen der Zuneigung.

Betreuung in vielen Einzelgesprächen, zu jeder Zeit »Telefonkrücke«. Teilnahme an therapeutischer Frauengruppe.

Auch **praktische Ratschläge** für den Umgang mit der Tochter und deren Erkrankung werden als hilfreich empfunden.

Gespräch mit dem Psychologen, der mir geraten hat, das Thema »Essen« überhaupt nicht mehr anzuschneiden, meine Tochter in Ruhe zu lassen und ihr nur zu zeigen, dass ich sie liebe.

Therapeutische Hilfestellung: durch Anregung über eigenes Verhalten nachzudenken – auch wenn dies manchmal kränkt oder auch praktische Hinweise: keine Einkäufe tätigen, nicht kochen, Geldausgaben festsetzen, Grenzen setzen!

Es werden aber auch Einschränkungen gemacht durch Formulierungen wie *manchmal* oder *teilweise*. Das ist nachvollziehbar, denn Patentrezepte gibt es nicht.

Hilfreich werden gewährte Unterstützung und Anregungen immer dann sein, wenn sie den jeweils individuellen Bedürfnissen der Mütter entsprechen, wenn sie in irgendeiner Form erfolgreich sind und wenn sie dazu führen, dass die Mütter sich besser fühlen.

Weder in Büchern noch in Gesprächen konnte ich wirkliche Hilfe finden.

Doch wirklich helfen könnte nur, wenn meine Tochter gesunden würde.

Diese Mutter spricht aus, was wahrscheinlich für viele gilt: Am meisten Hilfe bedeutet es, wenn es der Tochter wieder besser geht.

Weiterhin wird noch ganz unterschiedliches individuelles Erleben von Hilfe zum Ausdruck gebracht, zum Beispiel:
- Gebete, Glaube an Gott, eine Predigt im Gottesdienst, Meditation;
- Seminare zu Träumen bzw. Frauengesprächskreise;
- Abstand von Familie durch Urlaub ohne Familie;
- Ablenkung durch Aktivitäten.

Aber es gibt auch solche Antworten:

Geholfen hat bisher niemand.

Gar nicht. Vielleicht nur die eigene Kraft.

Keine Hilfe von anderen erhalten zu haben, gibt jede zehnte Mutter an. Ein trauriges Ergebnis.

Verändern sich die Erfahrungen in Bezug auf Hilfe im Verlauf der Erkrankung?

Ja, bei der letzten Befragung (sechs Jahre später) spielt die Beschaffung von Informationen keine große Rolle mehr. Man kann davon ausgehen, dass das Bedürfnis nach Wissen über die Krankheit und Informationen zum Umgang mit der Tochter besonders am Anfang sehr dringend und nachhaltig ist. Dieses Bedürfnis lässt im Laufe der Zeit nach; die meisten Mütter sind informiert.

Nun nimmt die emotionale Unterstützung diesen ersten Rang ein. Mehr noch als vor sechs Jahren kommt die Bedeutung von Mitgefühl, Verständnis und Einfühlungsvermögen zum Ausdruck. Emotionale Zuwendung solcher Art, dass sie die Mütter in ihrem Selbstwertgefühl stützt, wird weiterhin als besonders hilfreich empfunden. Das Angenommensein von Freunden und Familienmitgliedern gewinnt im Verlaufe der Erkrankung immer mehr an Bedeutung, ebenso Gesten der Wertschätzung.

Verständnis für meine Probleme.

Auch Verhaltensänderungen z.B. von Familienangehörigen in Bezug auf die Beurteilung der Erkrankung der Tochter kommen vor und sind hilfreich.

Meine Schwester behandelt mich nicht mehr wie eine total unfähige Mutter, die alles verkehrt gemacht hat. Überhaupt haben die ständigen Vorwürfe und Besserwissereien anderer nachgelassen bzw. ganz aufgehört.

Der Anteil der Mütter, die von Therapiegesprächen Hilfe erhalten haben, erhöhte sich. Dieser Zuwachs ist hauptsächlich durch häufigere Inanspruchnahme eigener Therapien durch die Mütter zustande gekommen. Mütter gewinnen daraus Kraft, mehr Verständnis für sich und für die Töchter, ebenfalls mehr Sicherheit bei Entscheidungen.

Gespräche mit einem Psychotherapeuten, der mir zwar nicht DEN Weg zeigen konnte, mich aber unterstützte, als es galt Entscheidungen zu treffen, z.B. mit Klinikaufenthalten oder nicht. Ich konnte meine Meinung besser vertreten, weil ich mich durch ihn bestärkt fand in meinen Ansichten. Er sagte, ich solle mich mehr auf meine Gefühle und Urteile verlassen, mich nicht durch andere verunsichern lassen.

Auch das Erkennen der weiten Verbreitung und Zunahme von Essstörungen hat einigen Müttern geholfen.

Auch wenn es sehr negativ klingt: Die Tatsache, dass ich ständig erfahre, dass Magersucht/Bulimie eine Krankheit ist, die auch andere betrifft, nicht nur in unserer Familie vorkommt.

Erwähnenswert ist hier, dass von mehreren Müttern der Aufbau einer Selbsthilfegruppe als für sie hilfreich genannt wurde.

Das Reden mit der engsten Familie und den Aufbau einer Selbsthilfegruppe, die Aktivität, diese Krankheit bei Lehrern, Politikern bewusst zu machen. Anderen Trost und Hilfe zuzusprechen.

Daran zeigt sich, dass etliche Mütter in der Zwischenzeit Mut, Kraft und Energie gefunden haben, ihre eigenen Erfahrungen und Erkenntnisse an einen größeren Kreis von betroffenen Eltern weiterzugeben, auch mit Aktivitäten in der Öffentlichkeit. Für diese Mütter wirkt die Hilfe für andere auf ihre Person zurück.

In den nächsten Kapiteln sollen weitere Aspekte der Bewältigung beleuchtet werden.

6

Zeit der Veränderungen

»Die heile Welt ist zerbrochen ...«

Wie bewältigen die Mütter diese Krise in ihrem Leben?

Es ist davon auszugehen, dass eine solch schwerwiegende (und meist auch langwierige) Erkrankung der Tochter Spuren im Leben der Mütter hinterlässt. Krisen beinhalten für Menschen immer auch Entwicklungschancen. So stellt sich die Frage, ob die Erfahrungen der Mütter in dieser krisenhaften Zeit ihres Lebens dazu führen, dass sie sich weiterentwickeln in ihrer Person mit Auswirkungen auf ihr Leben oder aber nicht.

Wichtig ist in diesem Zusammenhang, wie die Mütter ihre Erfahrungen bewerten. Können sie ihnen etwas Positives abgewinnen? Etwas Positives an belastenden Situationen zu finden kann als eine wichtige intrapsychische Bewältigungsstrategie angesehen werden.

Die Frage an die Mütter lautete:

Gibt es auch etwas Positives, das Sie persönlich durch die Erkrankung der Tochter erfahren haben?

Die Antworten zeigen:
Ja! Ca. vier von fünf Müttern bejahen diese Frage. Es wird

deutlich, dass viele Mütter den schmerzhaften Erfahrungen nicht nur belastende, sondern auch positive Auswirkungen auf die eigene Person abgewinnen können, am deutlichsten Mütter, deren Töchter wieder gesund sind. Aber auch viele Mütter, deren Töchter nach sechs Jahren noch nicht wieder gesund sind, können Positives für sich registrieren.

Veränderung des Lebens

Die heile, zur Perfektion neigende Vorstellung von meinem Leben und Familienleben ist zerbrochen, Scherben liegen, und das ist gut so, nun kommt der echte Kern des Lebens zum Vorschein. Ich habe begonnen, neue Perspektiven zu entwickeln. Konflikt als was Positives einzuordnen. Habe begonnen, mich körperlich neu zu erfahren. Beginne eine Fortbildung in Tanztherapie. Stelle mich offenen Auseinandersetzungen mit meinem Mann und dessen Sichtweise. Habe keine Lust mehr, für alle und alles Verantwortung zu übernehmen oder zu sein. Brauche das als Bestätigung auch nicht mehr.

Nach einer Zeit des Verstörtseins setzt bei vielen Müttern ein **Prozess der Selbstreflexion** ein. Mütter setzen sich mit sich selbst und mit ihrer eigenen Geschichte auseinander. Sie denken über die eigene Person nach, aber auch allgemein über das Leben selbst. Die Gedanken werden als *tiefer* bezeichnet, *nicht so oberflächlich wie früher*, das *Innere* sei wichtiger geworden.

Ich musste mich ganz und völlig in Frage stellen, und das hat mir einige Einsichten über mich selbst gebracht, die mir jetzt sehr wichtig sind.

Manches wird relativiert; mein Weltbild (alles schön in der passenden Schublade) ist ins Wanken geraten und muss neu aufgebaut werden (ist aber nicht zusammengebrochen).

Neue *Einsichten* bewirken etwas: Die Sicht auf das eigene Selbst wird klarer, eindeutiger. Dieses führt zu einer weiteren Veränderung: Indem sie sich durch die Beschäftigung mit den eigenen Gedanken und Gefühlen besser kennen lernen, beschreiben Mütter als Konsequenz daraus, dass sie mehr **Selbstbewusstsein** entwickelt haben, dass sich ihr **Selbstwertgefühl** gestärkt habe und sie selbstsicherer geworden seien.

Ich habe gelernt, meinem eigenen Gefühl zu trauen, mich selbst zu akzeptieren.

Erkennen, dass ich ein starkes Gemeinschaftsgefühl besitze, auf das ich stolz bin. Lebenskrisen kann ich damit besser lösen.

Ja! Ich bin mir selber näher gekommen, insofern bin ich sogar dankbar für die Krankheit meiner Tochter.

Innerlich bin ich freier und selbstbewusster geworden.

Ich fühle mich »erwachsen« geworden und habe sehr viel mehr Selbstbewusstsein.

Fragen nach der bisherigen Beurteilung der Realität werden gestellt und Schritte unternommen, wenn erforderlich, *dem Leben realistischer ins Auge zu schauen.* Dieses bedeutet auch, sich selbst gegenüber ehrlicher zu sein, möglicherweise mit der Folge, dass bisher verdrängte oder auch verleugnete eigene Probleme bewusst werden und sich verdeutlichen. Ist die

Mutter in der Lage, diese eigene Verunsicherung anzunehmen und sich den Problemen zu stellen, besteht die Chance, daran zu wachsen.

Ja!!! Ich bin mir meiner eigenen Probleme bewusst geworden und kann sie angehen. Ich kann mich besser artikulieren und lass mich nicht mehr überrennen … Suchen und annehmen und sich den Problemen stellen.

Durch die Krise und die zahlreichen Gespräche bin ich wieder mit der Nase auf meine eigenen Identitätsprobleme gestoßen worden, ich hatte sie schon fast verdrängt.

Oh, ja! Bin dabei, mein ganzes Leben umzukrempeln! Mache eine Zusatzausbildung – äußere meinen Standpunkt jetzt klar!

Verdrängte Probleme, die ich mit meinen Eltern habe, kann ich jetzt endlich zu lösen versuchen.

Ja, ich bin nicht mehr so ehrgeizig, sehe alles gelassener und lockerer.

Habe erkannt, dass meine eigene Mutter mich noch als minderjährige Tochter behandelt und mich jahrelang unter Druck setzte mit Forderungen und Verpflichtungen, die ich möglichst erfüllte.

Wichtig ist auch das **Erfahren eigener Stärke**. Diese Stärke ist daraus erwachsen, dass die Mutter eine schwierige Zeit durchgestanden hat. Sie hat gelernt, mit ihren Ängsten zu leben und ist sich ihrer *physischen und psychischen Stärke bewusst geworden*, wie eine Mutter es formuliert hat. Erst in der Konfrontation mit solchen Krisen wird die Aktivierung von Ressourcen notwendig – wenn sie vorhanden sind und eingesetzt werden können, erlebt die Person die eigene Kraft und Stärke und dieses wirkt sich positiv auf ihr Selbstbewusstsein aus.

Andere Mütter sprechen von **Reife**.

Man reift durch das erfahrene Leid und merkt, dass es sehr vielen Menschen ähnlich oder schlimmer geht. Ich versuche zu akzeptieren, dass auch das Schwere zum Leben gehört genau wie die Freude.

Ich denke, jede ernste Erkrankung, jeder Leidensdruck beinhaltet die Chance eines beschleunigten Reifungsprozesses. Ergänzend meine ich, man lebt intensiver und glücklicher. Das sensible Verständnis für andere ist spürbar – und bereichernd.

Gezielt wird auch **die eigene Rolle in der Familie** hinterfragt. Mütter hören auf, sich für alles verantwortlich zu fühlen und nur um das Wohl der anderen bemüht zu sein.

Ich habe im Laufe der Zeit gelernt, gelassener mit Schwierigkeiten umzugehen. Ich bin nicht mehr so schnell bereit, mich für alles verantwortlich zu fühlen, und lasse jeden seine eigenen Kohlen aus dem Feuer holen.

Sie beginnen, bewusst daran zu arbeiten, die betroffene Tochter (oder auch andere Kinder) loszulassen und sich mehr abzugrenzen.

Erst in L., wo die Psychotherapeutin sich viel Zeit für mich nahm, kamen andere Aspekte in meine Überlegungen: Ich versuchte seit Jahren, immer auszugleichen zwischen Vater und Töchtern. Warum? Warum tat ich das, was von mir erwartet wurde oder wovon ich glaubte, dass es von mir als guter Ehefrau und Mutter erwartet wurde? Die ersten Ehejahre, die kleinen Kinder, wenig Schlaf, die Rollenteilung hatten mich überfordert. Ich war unzufrieden, gestand es mir aber nicht ein, weil ich sowieso mir die Schuld gegeben hätte, nicht den Umständen, nicht oder nur bedingt meinem Mann. In jedem Gespräch, lernte ich mich und unsere Familiensituation besser kennen. Richtig gut ging es mir aber erst, als meine Tochter mit 16 Jahren (Essen war zu der Zeit schon kein Thema mehr) mir erklärte: »Mama, du brauchst nicht mehr für uns zu sprechen, das können wir jetzt alleine.« Seitdem habe ich viel Verantwortung an sie abgegeben und fühle mich befreit.

Inzwischen habe ich gelernt, meine Kinder ihren eigenen Weg gehen zu lassen, auch wenn das nicht immer meiner Ansicht entspricht.

Ich konnte mich auch von den anderen Kindern lösen, nicht so einfach … Ich bin von einer Last befreit, seitdem sie die Verantwortung für sich haben.

Mütter fangen an, ihre eigenen Bedürfnisse besser wahrzunehmen. Sie lernen darauf zu achten, dass es ihnen unabhängig von der Familie gut geht. Sie übernehmen für das eigene Wohlergehen mehr Verantwortung. Ein Teil der Mütter nennt dies: **egoistischer werden**.

Ich bin egoistischer geworden.

Selbstbesinnung. Abkehr vom »Nur-Mutter-Sein«, vom »Ausschließlich-Ehefrau-Sein«. Sehr schwierig!!

Es klingt komisch, aber ich habe lernen müssen (d.h., bin noch dabei), egoistischer zu denken. Durch die räumliche

Trennung konnte ich loslassen, Tochter selbstständig werden lassen. Ich stellte fest, sie schafft es auch ohne mich! Ein Stück Befreiung, trotz Sorge und Schmerz!

Ein 14-tägiger Urlaub ganz ohne Familie nur mit meiner Schwester, da habe ich nach 1½ Jahren eine gesunde Distanz zu dieser Krankheit gewonnen, ich mache mich deshalb nicht mehr selbst kaputt.

Mütter verwenden in diesem Zusammenhang häufiger Worte wie, *es klingt komisch* oder *es mag sich merkwürdig anhören, aber* … Daraus kann man schließen, dass ihnen solche Gedanken – auch mal egoistisch sein zu dürfen – eher fremd waren.

Fragen nach **dem Sinn und den Zielen** des eigenen Lebens werden gestellt.

Beantwortung der Frage: »Wozu lebe ich?!«

Das erfordert, Bilanz zu ziehen und zu fragen, wieweit diese Ziele erreicht wurden oder auch zu korrigieren sind. Dieses kann dazu führen, dass eigene Ziele konsequenter verfolgt werden und »Nein« gesagt wird zu Anforderungen, die diesen Zielen nicht dienlich sind. Bestätigung von außen wird weniger wichtig. Indem die Mutter sich über ihre eigenen Wünsche und Ziele klarer geworden ist und Wichtiges von Unwichtigem unterscheidet, Prioritäten neu setzt, wird sie unabhängiger von anderen, erlebt sich als *freier*. Sie ist weniger gewillt, vorrangig die Wünsche anderer zu erfüllen.

Ich mache kaum noch etwas, nur weil es von mir erwartet wird.

Ich lass mich nicht mehr zu Dingen überreden, die ich gar nicht will.

Ich habe gelernt, meine Ziele zu verfolgen, kann auch schon mal »Nein« sagen.

Ich kann mich gegen die Familie besser abgrenzen (Abgrenzung ist ein zentrales Problem gewesen). Ich habe endlich gelernt, egoistisch zu sein.

Ich kann heute Nein sagen und ich kann auch Wichtiges von Unwichtigem trennen. Ich lebe bewusst und befreit.

Mütter setzen für ihr eigenes Leben neue Prioritäten.

Ich lebe bewusster eigene Bedürfnisse und grenze mich schärfer meinen Kindern gegenüber ab.

Bin egoistischer und auch selbstbewusster geworden, versuche mich nicht nur auf die Familie und ihr Wohlergehen zu konzentrieren, sondern eigene Interessen in den Vordergrund zu stellen, Freundschaften zu pflegen usw. Ich lebe bewusster und bin seit 1½ Jahren in der Alten- und Familienpflege tätig.

Nach vielen Jahren berufl. Tätigkeit, die mir sowieso nie Spaß gemacht hat, habe ich diese aufgegeben und mit einem Studium angefangen. Da ich schon lange den Wunsch nach Veränderung hatte, möchte ich diese zwar nicht allein der Krankheit meiner Tochter zuschreiben; sie hat jedoch dazu geführt, dass ich gelernt habe, meine Tochter loszulassen. Ich weiß allerdings nicht, ob sich mein Leben gleichermaßen verändert hätte, wenn es meiner Tochter nicht gelungen wäre, ihre Krankheit zu besiegen.

Eine **Veränderung von Werten** wird ebenfalls von etlichen Müttern angeführt, z.B. in Bezug auf Erziehungsfragen (Schulnoten, sportliche Leistungen), zum anderen aber auch allgemeiner Art: Die bisherige Wertigkeit der Hausarbeit, Ordnung oder auch *äußerer Reichtum* werden infrage gestellt. Eine neue Art von Bewusstheit den alltäglichen Gegebenheiten gegenüber ist festzustellen: Sie führt dazu, Positives intensiver wahrzunehmen und zu registrieren, sich über kleine und nichtssagende Dinge zu freuen, man könnte sagen, bescheidener zu sein.

Ich sehe »alles« mit anderen Augen, ich kann mich an kleinen Dingen erfreuen, das richtet mich auf!

Dass ich es nicht mehr als selbstverständlich betrachte, wenn es unserer Familie gut geht.

Andere Dinge, z.B. Schulnoten, Unordnung u.Ä. sind fast unwichtig geworden.

Ich glaube ja. Ich empfinde heute alles viel intensiver.

Ich sage öfter etwas Positives, statt dauernd zu kritisieren.

Ein weiterer Punkt ist eine von den Müttern als positiv wahrgenommene **Veränderung ihrer Einstellung und ihres Verhaltens anderen Personen gegenüber.**
Dieses drückt sich z.B. darin aus, mehr Verständnis für Probleme anderer Personen und Familien zu haben.

So makaber es klingen mag, aber meine eigene Begrenztheit ist mir sehr deutlich geworden. Hinzu kommt, dass ich vermutlich jede Verurteilung pädagogischer Verhaltensweisen anderer Eltern unterlassen würde.

Ich bin wahrscheinlich sensibler anderen Menschen gegenüber geworden, vorsichtiger in der Beurteilung und nachsichtiger.

Bin toleranter, einfühlsamer für Probleme der Mitmenschen. Habe mehr Gelassenheit. Die Familienstrukturen sehe ich objektiver.

Vielleicht haben wir gelernt, viel toleranter zu sein für Probleme in anderen Familien.

Einige Mütter schreiben, dass sie nun wissen, was es heißt, mit einer Suchterkrankung/psychischen Störung konfrontiert zu werden, und sie deshalb wesentlich mehr Verständnis für diese Art der Erkrankung und für Betroffene haben. Manche bringen Jugendlichen generell mehr Verständnis entgegen und haben ein offeneres Ohr für deren Probleme und Sorgen. Wichtig ist auch die Konsequenz, dass sie sehr vorsichtig geworden sind im Beurteilen anderer Personen und Familien, mehr Toleranz entwickelt haben. Sie haben die eigene Verwundbarkeit erleben müssen – wo sie dachten, nicht verwundbar zu sein. Diese Erfahrung macht sie sensibler. Sie haben auch gelernt, dass sie sich täuschen können.

Ich bin toleranter geworden anderen Eltern gegenüber, weil ich weiß, wie schwierig es ist, Kinder zu erziehen. Ich habe gemerkt, wie falsch ich mich oft selbst verhalten habe, bin »erwachsener« geworden.

Weiterhin wird von den Müttern genannt: **Offenerer, gelassenerer, ehrlicherer Umgang mit anderen Personen**.

Kann besser mit Konflikten umgehen … Offener geworden, bereit, Hilfe anzunehmen.

Dass ich alle Probleme bespreche und nichts mehr unter den Tisch kehre.

Ich bin offener geworden, mit anderen über Probleme zu reden, und habe dadurch auch erfahren, dass ich nicht allein mit diesen Problemen bin.

Ich versuche, Konflikte gleich »im Keim« zu klären, nicht erst die Probleme zu »schlucken«.

Ich habe für mich selbst Bilanz gezogen: Ich verhalte mich wahrhaftig, ohne Schnörkel, auch wenn ich damit anecke.

Es wird auch deutlich, dass manche Mutter kritischer z.B. in Bezug auf Freunde und Bekannte geworden ist, auch mit der Konsequenz, weniger Freunde zu haben.

Bin freier geworden, verkehre nur noch mit Leuten, die ich mag.

Ich bin konsequenter, aber auch einsamer geworden.

Positive Veränderungen innerhalb der Familie

Eine Reihe von Müttern betont, dass sie durch die Auseinandersetzung mit der Erkrankung der Tochter mehr Verständnis für familiäre Probleme entwickelt haben, wodurch Möglichkeiten für Veränderungen eröffnet wurden, die sie im Nachhinein als positiv empfinden. Die Familie setzt sich offener mit Problemen auseinander und ist daran gewachsen.

Es ist sehr positiv, dass mich die Krankheit gezwungen hat, über viele Zusammenhänge im familiären Bereich nachzudenken. Ich sehe jetzt viel deutlicher, wie sehr meine mittlere Tochter immer im Schatten der perfekten älteren

Schwester gestanden hat, und bin entschlossen, das zu ändern. Nach überstandener Krankheit sind wir sicher eine bessere Familie.

Im Nachhinein sehe ich die Krankheit als etwas Positives für die gesamte Familie an, so schwer es auch war.

Unser Familienklima hat sich sehr gebessert. Ich persönlich habe bei Auseinandersetzungen mit meinem Mann nicht mehr meinen Vater vor mir, den ich als Kind gehasst habe, weil er sehr viel rumbrüllte, uns Kinder viel schlug. Ich kann mit der Art meines Mannes, wie er ist, nun besser umgehen.

Vielleicht Toleranz, dass man Kinder so akzeptieren muss, wie sie sind, und sie nicht in ein Raster pressen darf.

Wir haben gelernt, uns endlich auch mal (etwas) die Meinung zu sagen.

Positive familiäre Erfahrungen beziehen sich auch auf den familiären Zusammenhalt: dass die Familie zusammenhält, nicht auseinander gebrochen ist, vorübergehend enger zusammengerückt ist und häufiger Gespräche geführt werden. Mehr Aufmerksamkeit füreinander wird positiv registriert und zum Teil auch eine bessere Beziehung von Geschwistern untereinander.

Eigentlich, dass man auch mal versucht, im Gespräch über Probleme zu sprechen, und dass man nicht so gedankenlos in den Tag lebt, ich beobachte jetzt z.B. meine beiden anderen Töchter viel mehr, früher dachte ich immer: »Aber uns kann doch so etwas nicht passieren!« Heute sehe ich dies ganz anders.

Ich sage, dass die Krankheit für mich und die ganze Familie – auch wenn's komisch klingt – von Vorteil war. Wir sind wach geworden. Wir gehen offener miteinander um, sprechen über unsere Gefühle, akzeptieren leichter die Gefühle und Wünsche des anderen.

Ja! Die Beziehungen innerhalb der Familie wurden neu durchdacht, wir haben jetzt mehr Verständnis füreinander; wir sind aufmerksamer füreinander geworden.

Gemeinsame Gespräche und Diskussionen.

Ja, der Dialog und die Beziehungen innerhalb der Familienmitglieder haben sich verstärkt, besonders auch ihr Verhältnis zum Bruder hat sich sehr positiv entwickelt. Aber was gäbe man darum, wenn nicht die Erkrankung der Anstoß dazu gewesen wäre!

Weiterhin wird angeführt:

Bei uns steht Essen nicht mehr im Vordergrund!

Wir haben alle gelernt, ein wenig oder etwas mehr über das Leben oder seinen Sinn nachzudenken und auch über den (die) Menschen.

Neben diesen als positiv registrierten Erfahrungen und Veränderungen im Leben der Mütter werden auch belastende Veränderungen der Person und der Lebensqualität von fast der Hälfte der Mütter genannt.

Belastende Veränderungen

Neben allgemeinen Formulierungen in Bezug auf die Lebensqualität, dass das Leben schwerer geworden sei, belasteter und eingeengter, werden folgende belastende Aspekte angeführt, die sich auf die psychische Verfassung der Mutter beziehen. So werden meist Reaktionen depressiver Art genannt: häufiges Weinen, Verlust an Lebensfreude und Fröhlichkeit, schnelle Ermüdung, Sich-ausgelaugt-Fühlen.

Ich habe viel von meiner Fröhlichkeit eingebüßt. Bin verschlossen geworden, weil mir der Hals wie zugeschnürt ist und ich nicht losheulen möchte.

Leider noch! Meine Fröhlichkeit hält sich in Grenzen. Ich habe zu nichts richtig Lust. Weine immer noch viel und leicht. Bin recht reizbar, empfindlich und aggressiv, einfach unmotiviert. Zu allem und jedem muss ich mich arg aufraffen. (Das muss sich ändern!)

Geändert hat sich eigentlich nicht viel, nur dass ich öfter heule und jeden Abend bete.

Außerdem werden Ängste thematisiert, insbesondere in Bezug auf die Zukunft oder Angst vor einem Rückfall der Tochter. Manche Mütter nennen hier noch einmal belastende Einsamkeit und Alleinsein, Rückzug von Freunden.

Freundschaften wurden aufgegeben, wertvolle Freundschaften wurden reduziert, da auch Freundschaft sich von gemeinsamem Erleben nährt. Kaum noch Bälle, Theater usw. Gespräche und Gedanken tiefer. Aber ich lebe eigentlich nicht mehr. Ich werde gelebt, und wenn ich lebe, dann nur noch aus der Konserve (Fernsehen, Bücher). Ich bin nicht mehr frei, ich bin besetzt von Personen (Mann und Kind) und von immer denselben Gedanken.

Ich habe einen Panzer um meine Seele gelegt, und ich

weiß, dass jeder Mensch mich in einer solchen Weise von allem, was ich über ihn zu wissen glaubte, von heute auf morgen abschneiden kann. Ich war nie auf der Hut, heute bin ich es.

Die Krankheit meiner Tochter hat mir viel Kraft genommen. Sie will nicht von zu Hause ausziehen, sie beansprucht zunehmend Platz in der Wohnung für die vielen Lebensmittel, die sie täglich kauft. Oft bin ich zu müde, dagegen zu kämpfen, oder fast bereit, selbst auszuziehen.

Das Leben kann sich auch dahingehend verändern, dass die Zeitperspektive eingeschränkt wird. Es werden keine Pläne mehr gemacht für die Zukunft, sondern es wird jeder Tag gelebt, einer nach dem anderen.

Ich lebe das Leben jeden Tag!

Belastende Veränderungen im Familienklima werden wie folgt thematisiert:

Die ganze familiäre Situation ist verkrampfter, unnatürlicher – eben belastet.

Mein bzw. unser Leben hat sich dahingehend geändert, dass jedes Familienmitglied sensibilisiert ist, für die kleinsten Gemütsschwankungen der einzelnen Mitglieder. Die dauernde Rücksichtnahme auf meine Tochter bezüglich des Essens trägt auch manches Mal zu echten Konflikten innerhalb der Familie bei. Unser Familienleben ist durch die Magersucht unserer Tochter durcheinander geraten, dieses kann ich hundertprozentig sagen.

Die lange Zeit der Belastung durch die Krankheit der Tochter hat bei einer Reihe von Müttern Spuren hinterlassen.

Seit mehr als zehn Jahren hat die Krankheit mein Leben bestimmt. Viele Vorstellungen und Wünsche sind dadurch nicht erfüllt worden. Es ist viel Lebensfreude und Kraft verloren gegangen. In diesen Jahren habe ich nur funktioniert. Ich fühle mich als »Alleinkämpfer«.

Mit viel Traurigkeit und Leid denke ich an diese schwere Zeit, es ist überstanden, aber nie mehr auszulöschen. Die Narben schmerzen. Ich bin vorsichtig geworden im Umgang mit anderen. Meine Unbefangenheit ist weitgehend auf der Strecke geblieben.

Vergleicht man die Häufigkeit der Aussagen zu belastenden Veränderungen des Lebens mit den als positiv empfundenen Veränderungen, so ist beeindruckend, dass die Veränderungen in Richtung »positiv« und »Weiterentwicklung« über den gesamten Befragungszeitraum gesehen deutlich überwiegen.

Es hat mich wacher und aufmerksamer – aber nicht unbedingt glücklicher gemacht (d.h. der Gedanke an die Krankheit bzw. die Hintergründe und die Folgen). Aber davon abgesehen habe ich insgesamt auch an Stärke gewonnen.

Viele Mütter nennen sowohl positive als auch belastende Veränderungen, die aufeinander folgen oder auch nebeneinander bestehen. Dieses ist nachvollziehbar, denn der Krankheitsverlauf ist ja häufig von Höhen und Tiefen geprägt. Auch eine Veränderung des »Selbst« in Richtung Entwicklung und Stärke schützt ja nicht vor weiteren Belastungen. Es können sich daraus sogar neue Anforderungen ergeben: Möglicherweise müssen nunmehr negative Reaktionen der Umwelt auf das veränderte Verhalten der Mutter (die nun z.B. öfter »Nein« sagt) bewältigt werden.

7

Empfehlungen zur Bewältigung von Müttern für Mütter

»Nur nicht in Selbstmitleid ertrinken …«

Die Mütter haben im Laufe der Jahre, die sie mit der Erkrankung der Tochter konfrontiert waren, viele Erfahrungen gemacht – bedrückende, schmerzende, angstvolle, aber auch hilfreiche und bereichernde. Diese Erfahrungen sind geprägt von dem jeweils individuellen Erleben innerhalb des jeweils individuellen Kontextes und auch von dem jeweils spezifischen Verlauf der Magersucht und/oder Bulimie der Tochter. Vor diesem Hintergrund formulieren sie Empfehlungen, die – weil sie den direkten eigenen Erfahrungen der Mütter entspringen – als besonders »dicht am Thema Bewältigung« angesehen werden können.

Eigenes erfolgreiches Handeln soll weitergegeben werden und damit anderen Müttern eventuell von Nutzen sein. Auch benennen Mütter Fehler, die sie gerne vermieden hätten, und hoffen, dass das Wissen darum nun für andere Mütter hilfreich sein könnte.

Ca. jede achte Mutter möchte keine Empfehlungen geben, weil sie der Ansicht ist, dass dieses nicht möglich sei, unter anderem wegen der Einzigartigkeit eines jeden Verlaufs.

Da gibt es sicher keine, jeder Fall dürfte individuell anders gelagert sein. Ich hatte nur immer die Hoffnung, dass Liebe irgendwann zum Ziel führt.

Einige Mütter verneinen Empfehlungen, geben dann aber doch Erfahrungen weiter:

Nein! Vielleicht gelassen zu bleiben. Aber das ist sehr schwer bis unmöglich. Als Mutter ist man mit solch einer Situation total überfordert und oft die Einzige, die nicht helfen kann. Aber das kann man nicht zulassen.

Das ist schwer, da die Erfahrungen sehr persönlicher Art sind und sicher nicht ohne weiteres übertragbar. Jede Mutter muss aber wahrscheinlich den Mut aufbringen, zur eigenen Passivität ja zu sagen; man muss lernen, sich ganz zurückzunehmen, keine Rolle mehr zu spielen.

Kaum! Jeder Fall ist individuell. Sich eine eigene Zone schaffen. Sich auch das Schlimmste vorstellen in Bezug auf die Tochter und den Mut haben, sich auch ein Leben »danach« vorzustellen. Freundschaften zu pflegen. Auch Umweltgifte mit einzubeziehen, die das Grundmuster der Tochter gelöchert haben könnten, so dass Lebenshindernisse, die uns eigentlich auch stark werden lassen, auf keinen heilen Boden mehr fallen können. Stellen Sie sich ein Trampolin vor, wenn es heil ist, federn wir ab und wagen noch größere Sprünge. Andernfalls fallen wir.

Je mehr »Fälle« eine Mutter kennt, desto mehr werden die Unterschiede zwischen den einzelnen »Fällen« deutlich. Eine Mutter, die als Gründerin einer Selbsthilfegruppe mit vielen Eltern (Müttern) Kontakt hatte, schreibt:

Nein, ich habe über 50 Familien und Betroffene kennen

gelernt und der Verlauf der Krankheit oder Heilung waren sehr unterschiedlich. Jeder muss seinen Weg finden. Ein guter Therapeut ist Gold wert.

Es ist sicher richtig, dass jede betroffene Tochter ihren eigenen Weg aus der Erkrankung finden muss, jede Mutter ihren eigenen Weg der Bewältigung und jede Situation eine individuelle Herangehensweise braucht.

Die meisten Mütter (mehr als 80 Prozent) geben jedoch Empfehlungen, und es zeigt sich, dass sich verschiedene Erkenntnisse und Erfahrungen der Mütter herausarbeiten lassen, die als allgemeine Empfehlungen Gültigkeit besitzen können – auch aus therapeutischer Sicht.

Die häufigste Empfehlung ist:

1. Frühes Handeln, Information, Motivierung zu Therapien

Weiterhin:

2. Grenzen setzen und Loslassen der Tochter
3. Selbstaufmerksamkeit und Selbststärkung für die Mutter
4. Aufrechterhalten der Beziehung zur Tochter
5. Gelassener Umgang mit Ess- und Ernährungsverhalten der Tochter
6. Offenheit anderen Personen gegenüber

Im Folgenden soll darauf im Einzelnen eingegangen werden, wobei ich die Ausführungen der Mütter verschiedentlich um einige Erläuterungen oder auch Empfehlungen ergänzt habe, die mir darüber hinaus wichtig erschienen.

Frühes Handeln, Information, Motivierung der Töchter zu Therapien

Diese Empfehlungen beziehen sich auf die Erfahrung, dass Mütter (Eltern) die Erkrankung häufig nicht richtig einschätzen, denken »Das wird schon wieder« oder auch Gedanken an das Geschehen vor ihren Augen verdrängen.

Deshalb ist es wichtig, dass Mütter (Eltern) sich schon bei einem Anfangsverdacht ausführlich informieren (siehe auch Anhang).

Nicht nur die Eltern, auch die Töchter schätzen die Erkrankung zunächst falsch ein, verleugnen den Schweregrad auch vor sich selbst. Erhärtet sich der Verdacht, sollten Eltern ihre Tochter mit ihrem Wissen über die Symptomatik konfrontieren und ihre Besorgnis mitteilen.

Die Mütter betonen:
- *nicht warten!*
- *sofort etwas unternehmen!*
- *nicht den Kopf in den Sand stecken!*

Warum schnelle Hilfe notwendig ist:

Damit man nicht zu sehr in den Teufelskreis von Fehlverhalten gezogen wird.

Ich habe in den Jahren ca. 76 Familien oder Betroffene mit Essstörungen kennen gelernt, je länger es sich hinzieht, desto schwieriger ist die Heilung.

Dieses kann aus therapeutischer Sicht nur bestätigt werden. Festzustellen ist ferner, dass diese Empfehlungen der Mütter sich meist nicht in erster Linie auf die medizinische Hilfe richten (diese wird ja in der Regel wahrgenommen), sondern auf **therapeutische Hilfe:**

So früh wie möglich alle Hebel in Bewegung setzen, um einen guten Therapeuten zu finden.

Schon bei den ersten Anzeichen der Störung einen Fachmann (Therapeuten) aufsuchen.

Nicht herumdoktern, nicht glauben, das schaffen wir allein. Fachkundige Hilfe anstreben.

Rechtzeitig zur Therapie! Die Familie schafft es nicht.

Man kann dieses nicht oft genug betonen. Trotz der inzwischen häufigen Berichte in Medien und des größeren Bekanntheitsgrades von Essstörungen zögern viele Betroffene und auch deren Eltern viel zu lange, bis sie fachkundige Hilfe suchen. Immer noch gehen viele Mütter (Eltern) davon aus, die Essstörung der Tochter selber in den Griff bekommen zu können.

Die meisten Eltern suchen zunächst Hilfe bei einem Arzt. Sie sehen das Problem als ein medizinisches, nicht als ein psychisches.

Zu akzeptieren, dass es eine psychische Erkrankung ist …

Diese Krankheiten sind Hilferufe, die nicht ernst genug genommen werden können.

Häufig sind die Töchter nicht zu einer Therapie bereit, denn sie wollen nichts verändern; im Gegenteil: Die Essstörung ist ja ihre »Krücke« zur Lebensbewältigung. Hier ist es für Mütter/Eltern wichtig, sich nicht in Verleugnungsstrategien der

Betroffenen hineinziehen zu lassen, sondern die Erkrankung in aller Ernsthaftigkeit zu benennen, ohne sie zu dramatisieren. Mütter/Eltern sollten die Betroffenen durchaus mit ihren Sorgen um deren seelische und körperliche Gesundheit konfrontieren und sich bemühen, sie zu einer Therapie zu motivieren.

Ja, sich wirklich »dominant« durchsetzen und auf einer frühzeitigen ambulanten Therapie bestehen ... Dabei unbedingt auf der Zusammenarbeit der ganzen Familie bestehen.

Eine magersüchtige Tochter immer für eine Therapie zu gewinnen und trotz aller Schrecklichkeiten zu ihr zu stehen.

O ja, gleich bei Aussetzen der Periode etwas unternehmen. Rechtzeitig die Tochter zur Therapie überreden, wenn man merkt, sie hat narzistische Störungen und ein geringes Selbstbewusstsein.

Unbedingt die professionelle Unterstützung einer von der Tochter akzeptierten Therapeutin.

Einleitung einer Familientherapie – so früh wie irgend möglich.

In Bezug auf spezifisches Handeln werden von den Müttern unterschiedliche Empfehlungen gegeben, die jeweils aus dem eigenen Erfahrungshintergrund resultieren:

Ich bin total überzeugt von einer schnellstmöglichen ganzheitlichen Behandlung in einer Spezialklinik.

Klinik der Tochter empfehlen und eine suchen – notfalls alleine ohne ärztliche Hilfe (so wie ich).

Nicht den Kopf in den Sand stecken, sondern Hilfe suchen bei einem Dritten (Unbeteiligten) zusammen mit dem betroffenen Kind. Von Klinik möchte ich aus meiner Erfahrung dringend abraten ...

Einige Mütter raten von einem Klinikaufenthalt ab. Es ist aber schwierig zu erkennen, warum. Sie schreiben z.B., dass die Tochter sich in der Klinik weitere problematische Verhaltensweisen und Tricks von anderen abgeschaut habe. Das kann manchmal vorkommen. Häufig ist aber ein Klinikaufenthalt unumgänglich, wenn z.B. schon ein sehr großes Untergewicht bei einer magersüchtigen Tochter zu verzeichnen ist oder die bulimische Essstörung schon längere Zeit besteht und sehr ausgeprägt ist. Eine ambulante Therapie ist dann oft nicht mehr ausreichend. In solchen Fällen kann eine stationäre Unterbringung, in deren Verlauf intensiv mit der Betroffenen gearbeitet wird, die notwendige Initialzündung für eine nachhaltige Besserung bewirken.

Die Empfehlungen der Mütter beziehen sich weiterhin darauf, bei zunächst erfolglosem Handeln nicht aufzugeben und nicht zu verzagen.

Sofort »Himmel und Hölle« in Bewegung setzen; hartnäckig alle Möglichkeiten verfolgen (es ist mühsam genug); mehrfache Lösungsansätze suchen.

Die einzige Empfehlung, die man betroffenen Müttern geben kann, ist Geduld ... Geduld ... Aber wie schwer ist die oftmals zu haben!!!!!!!!

So lange Hilfe suchen, bis man eine gute Therapie gefunden hat.

Nie die Hoffnung aufgeben.

Eine Therapie bedeutet leider nicht automatisch schnelle Heilung. Mütter (Eltern) sollten dies wissen, damit sie nicht zu sehr enttäuscht sind, wenn nicht sofort große sichtbare Erfolge zu verzeichnen sind.

Dass man viel Geduld und Toleranz haben muss, ist selbstverständlich. Auch dass man an Rückschlägen fast verzweifelt, muss man in den Griff bekommen.

Dass man sich auf einen langen Weg einstellen muss und kleine Schritte gehen muss.

Sicher ist es für Mütter (Eltern) schwierig zu beurteilen, welche Art Therapie gerade für ihre Tochter die richtige ist. Auch die Tochter kann nur darüber, dass sie sich auf eine Therapie einlässt, für sich selber Erfahrungen sammeln. Das braucht seine Zeit. Wie schon erwähnt, zeigen die Töchter zumeist eine ambivalente Therapiemotivation.

Wenn die betroffenen Kinder sich einer Therapie noch verweigern, sollten die Eltern nach Hilfe für sich suchen.

Auch diese Empfehlung kann nur unterstützt werden. Mütter müssen ermutigt werden, aktiv Hilfe auch für sich zu suchen.

Bei den ersten Anzeichen aktiv werden. Sich Rat und Unterstützung in Selbsthilfegruppen holen. Wissen, dass das Gespann Mutter/Tochter allein hilflos ist.

Mit Problemen nach außen gehen, Gesprächskreis, Psychologen.

Heute würde ich versuchen, mit anderen betroffenen Müttern in Kontakt zu treten, obwohl ja jeder Fall einen ande-

ren Ursprung hat. Trotzdem können diese Gespräche untereinander sicher hilfreich sein.

Wenn es am Ort keine Selbsthilfegruppe gibt, gründet selber eine!

Sich mit Gleichbetroffenen zusammentun! Relativiert die eigenen Schwierigkeiten: Man findet Verständnis statt »Ursachenforschung« (meist die angeblich dominante, was auch immer Mutter).

Möglichst viel Unterstützung außerhalb der Familie durch kompetente Gesprächspartner suchen.

Ebenso wichtig ist die Einbeziehung des Vaters. Wie im 4. Kapitel dargelegt, müssen Väter häufig ganz gezielt um Unterstützung gebeten werden, denn solange Mütter diese nicht einfordern, halten sich viele Väter heraus. Es ist aber notwendig, dass Mutter und Vater an einem Strang ziehen, Therapien von beiden befürwortet werden und durch gemeinsame Teilnahme an Gesprächen unterstützt werden.

Betroffene Mütter sollten auch immer den Vater einbeziehen. Sein Anteil ist nicht zu unterschätzen.

Grenzen setzen und Loslassen der Tochter

Diese Empfehlungen werden am zweithäufigsten genannt.

Es ist sehr schwierig, sich daran zu halten, aber die Töchter dürfen das Leben ihrer Eltern nicht zerstören, indem sie mit der Krankheit alles auf den Kopf stellen. Die Mädchen machen sich dadurch sehr wichtig, die Eltern und Geschwister sind aber auch da!

Ich glaube, es braucht auch die Trennung von der Familie, weil man gerade durch die Krankheit nur noch viel tiefer in Abhängigkeiten/Unselbstständigkeiten hineinrutscht, selbst eine relativ gesunde Familie durch diese Verwicklungen krank wird.

Diese Mütter greifen Verhaltensweisen auf, die in vielen Familien bestehen und auch im 3. Kapitel schon deutlich wurden: Alles Denken, Fühlen und Handeln dreht sich um die kranke Tochter, Geschwister und andere Familienmitglieder werden vernachlässigt.

Nicht wenige Mütter (Eltern) lassen sich in ihren eigenen Bedürfnissen immer mehr zurückdrängen, passen sich in vielen Bereichen des Lebens dem Rhythmus und den Wünschen der Tochter an. Es ist aber durchaus nicht sinnvoll, allen Forderungen nachzugeben.

So kann die Mutter z.B. darauf bestehen, dass die Tochter sich nicht ständig in der Küche aufhält und sie daraus verdrängt oder Berge von gebrauchtem Geschirr hinterlässt. Sie muss ihr nicht erlauben, dass sie fettes Essen für die Familie kocht und sie zum Essen drängt oder dass nur zu bestimmten Zeiten gegessen werden darf usw.

Mit bulimischen Töchtern sollten Absprachen darüber getroffen werden, dass das Bad oder die Toilette sauber gehalten werden muss, ebenso wie Vereinbarungen über die Essvorräte sinnvoll sind.

Nicht selten nehmen die Mütter/Eltern ihrer Tochter vieles ab, weil diese ja so schwach ist. Sie glauben, ihrer Tochter damit zu helfen, und bemerken nicht, dass sie der Krankheit dadurch immer mehr Raum gewähren. Sie verhindern damit auch, dass die Tochter mit realistischer Härte erfährt, wie sehr sie sich in ihren Fähigkeiten und Lebensmöglichkeiten einschränkt. Deshalb ist diese Empfehlung »Grenzen setzen« sehr wichtig und sollte noch ergänzt werden um den Satz: Und diese Grenzen auch liebevoll und konsequent einhalten, was nicht immer leicht ist. Häufig geben Eltern doch wieder nach, weil sie einfach zermürbt sind. Wie schon ausgeführt, sollten sie sich nicht scheuen, für sich Unterstützung und Hilfe von außen zu suchen.

Sich nicht so wie ich in die Sucht hineinziehen lassen. Frühe Abgrenzung. Ich brauchte Monate, um meine persönliche Freiheit wieder zurückzuerlangen. Meine Tochter hat eine zu große Mutterbindung. Auch wenn ihr Vertrauen schön ist, wäre mir etwas Distanz lieber.

Sich nicht einengen lassen, sich nicht die eigene Würde nehmen lassen.

Ebenso wichtig ist es aber auch, die Grenzen der Tochter zu respektieren. Das bedeutet, der Tochter einen Intimraum zuzugestehen, den andere nicht betreten dürfen, z.B. ihre Post oder ihr Tagebuch nicht zu lesen, anzuklopfen vor dem Betreten des Zimmers oder ihr nicht nachzuspionieren.

Eng verknüpft ist dieses mit einer weiteren Empfehlung der Mütter: Loslassen der Tochter. Mütter sollen sich aus einer möglichen Überbehütung oder Verstrickung mit ihren Töchtern lösen.

Innerer Abstand zu der Tochter, es ist deren Leben und Gesundheit; dabei gleichzeitig für die Tochter bereit sein, wenn diese Hilfe wünscht.

Sie sollten Ihre Töchter nicht umsorgen, so wie ich das getan habe.

Grenzen setzen, für sich etwas tun. Nicht durch die Kinder leben, selbst leben. Loslassen der Kinder – Trennung von der Tochter akzeptieren.

Mütter sollten sich zurückhalten, sich so wenig wie möglich einmischen und der Tochter die Verantwortung für deren Leben überlassen.

Die Probleme der Töchter nicht zu den eigenen Problemen machen. (Ich habe die Probleme meiner Tochter zu meinen eigenen gemacht und habe wohl zeitweilig dadurch auch verhindert, dass sie ihren eigenen Weg findet.)

Einsehen, dass man mit Drängen und Vorschriften nur noch mehr Druck erzeugt. Akzeptieren, dass es ihr eigenes Leben und ihr eigener Körper ist.

Die Mütter betonen immer wieder, wie wichtig es sei, sensibel zu werden für den Unterschied zwischen liebendem und bevormundendem Verhalten als Mutter, der Tochter die Chance zu geben, eigene Erfolgserlebnisse und Bewältigungskompetenzen zu entwickeln.

Die Hand auszustrecken, und/aber der Tochter die Möglichkeit des eigenen Weges zu geben.

Die Tochter ihre eigenen Entscheidungen treffen lassen. Sie ermuntern, über ihre eigenen Wünsche nachzudenken.

Das bedeutet auch:

Nichts abnehmen, was ein Kind selbst erledigen kann, ihr nicht sofort aus der Klemme helfen.

Da diese Worte von betroffenen Müttern geschrieben wurden, sprechen diese aus eigener Erfahrung und wissen um die Versuchung, selbst zu schnell, zu viel und zu aufdringlich zu helfen.

Loslassen – Verantwortung an die Kinder geben. Nach dem eigenen Rhythmus leben usw. Die Kinder müssen sich ihren Weg leider selbst suchen, unsere Erfahrungen können wir nur selbst gebrauchen.

Rechtzeitig loslassen in Eigenverantwortung und dem Kind nicht so viel abnehmen.

Sich klar machen, dass es der Körper und das Leben der Tochter ist, nicht das eigene.

Vielen Müttern (Eltern) fällt dieses Loslassen sehr schwer. Oft glauben sie auch, mit Loslassen sei gemeint, die Tochter fallen zu lassen oder wegzustoßen, und weisen diesen Gedanken von sich.
Jedoch meint Loslassen etwas anderes: die (symbolisch) festgehaltene Hand der Tochter loslassen, aber sie weiterhin begleiten auf ihrem Weg. Den Töchtern Rückhalt geben, Mitgefühl haben, sie ernst nehmen (genau hinhören, was sie sagen und ihre Gefühle akzeptieren), ohne ihnen aber Fürsorge aufzudrängen.

Die Töchter müssen lernen, dass sie selber ihr Leben in Ordnung bringen müssen und nicht die Mutter das für sie tun kann. Die Mutter kann sie dabei nur unterstützen.

Die Kinder loslassen. Nicht so viel fragen. Jeder ist für sich selbst verantwortlich, so auch die Kinder, wenn sie denn alt genug sind.

Loslassen – die Tochter ihre eigenen Entscheidungen treffen zu lassen. Sie ermuntern, über ihre eigenen Wünsche nachzudenken.

Loslassen kann auch bedeuten, die eigenen Wünsche und Vorstellungen in Bezug auf die Tochter loszulassen:

Ich bin sehr stark der Meinung, dass ich meine Tochter überfordert habe, indem ich dachte, alles, was mir mal gefehlt hat, soll sie bekommen, und völlig außer Acht gelassen habe, dass ihre Bedürfnisse und Wünsche in ganz andere Richtungen gehen.

In diesem Zusammenhang ist es auch hilfreich, sich einmal die Frage zu stellen, was in der eigenen Kindheit und Jugend gefehlt hat und in welcher Weise es die eigenen Kinder einmal besser haben sollten. Es kann nämlich leicht passieren, dass Mütter (Eltern) dabei übertreiben: Eine Mutter, die wenig Fürsorge erhalten hat, wird vielleicht überfürsorglich, eine andere lässt im Gegenteil ihrer Tochter alles durchgehen und setzt ihr keine Grenzen, weil sie als Kind zu streng erzogen worden ist.

Auch ist es hilfreich, sich von der Vorstellung zu trennen, wie die Tochter vor der Erkrankung war. Eine Mutter schrieb zur »Warum-Frage«, sie glaube, die Tochter wolle das liebe, nette Mädchen bleiben, das sie immer war. Auf der anderen Seite gibt es Mütter (Eltern), die das liebe, nette Mädchen am liebsten wiederhaben möchten, und trauern, dass es dieses nicht mehr gibt. Aber die Zeit kommt nicht mehr zurück, darf auch nicht zurückkommen, wenn die Tochter gesund werden soll. Es geht bei der Essstörung der Tochter ja gerade um deren Autonomieentwicklung, um deren eigene Wünsche und Vorstellungen, die zu leben sie Wege finden muss ohne die Essstörung.

Loslassen, ablösen, die Kinder ihren eigenen Weg finden und gehen lassen – es wird hier ein Vorgang angesprochen, der von allen Eltern mit pubertären Jugendlichen erwartet wird. Hat das Kind im Laufe seiner Entwicklung alle Voraussetzungen/Kompetenzen für ein eigenständiges Leben erworben, ist gesund und lebensfähig, dann fällt das Loslassen leichter als in Situationen, in denen die Tochter geradezu auffällig demonstriert, diese Kompetenzen nicht ausreichend erworben zu haben. Weil die an dieser Untersuchung beteiligten Mütter dieses wissen und selbst erlebt haben, betonen sie die Notwendigkeit von Abgrenzung und Ablösung von der Tochter ausdrücklich.

Etliche Mütter empfehlen hier noch einmal einen räumlichen Abstand von der Tochter, wodurch das Loslassen erleichtert wird, wie eigene Wohnung der Tochter oder auch Unterbringung bei anderen Personen, z.B. Verwandten, in Internaten.

Wie ich ... erwähnt habe, gehen wir alle (wahrscheinlich) viel zu vorsichtig mit unseren Kindern um ... Mütter wie ich sollen nicht so viel Angst haben, die Tochter von zu Hause wegzuschicken und nicht gleich um die nächste Ecke – es muss wirklich weit weg sein.

Geduld – Loslassen – Unterstützung zum Selbstständigwerden. Dazu gehört eine eigene Wohnung.

Die Empfehlungen *Grenzen setzen* und *Loslassen* führen zum nächsten Punkt. Viele Mütter sind so verstrickt in die Krankheit der Tochter, dass sie ihr eigenes Wohlbefinden (und manchmal auch das der Familie) aus den Augen verlieren. Das eigene Befinden hängt voll und ganz vom Befinden der Tochter ab. Oft ist es ihnen gar nicht bewusst. Deshalb ist die nachfolgende Empfehlung von Bedeutung.

Selbstaufmerksamkeit und Selbststärkung

Diese Empfehlung steht an dritter Stelle. Selbstaufmerksamkeit wird hier vor allem im Hinblick auf einen angemessenen Umgang mit Schuldgefühlen empfohlen. Deutlich wird noch einmal auf der sprachlichen Ebene, wie lähmend und belastend Schuldgefühle empfunden werden: Es wird von *niederdrücken* oder auch *in den Abgrund ziehen* gesprochen:

Lassen Sie sich nicht durch Schuldgefühle in den Abgrund ziehen! Falls Sie Fehler gemacht haben, so nehmen Sie sie hin als lehrreiche Erfahrung, es besser zu machen!

Die Empfehlungen der Mütter enthalten die Aufforderung, sich mutig mit Schuldgefühlen auseinander zu setzen, sich ihnen zu stellen und sie zu verarbeiten. Sich selbst und seinen Gefühlen gegenüber ehrlich zu sein. Was ist zu tun? Genau hinzuschauen, was vielleicht falsch gelaufen ist (mit dem Wissen, dass alle Eltern Fehler machen), ein falsches Verhalten zu akzeptieren als lehrreiche Erfahrung. Sich nicht hineinzusteigern in eine Haltung, die meint, allein schuldig zu sein und sich selbst zu verdammen.

Schuldgefühle können unbewusst auch zur Rechtfertigung für die eigene Passivität werden, denn wer sich seinen Schuldgefühlen hingibt, beschäftigt sich mit sich selbst und der Vergangenheit und bindet Kraft und Energie. Diese fehlt dann für Bewältigungshandlungen. Der Blick ist zurückgerichtet und nicht nach vorne!

Die Krankheit ernst nehmen, sich selbst in Frage stellen, zu akzeptieren, dass man schuldig geworden ist.

Vergangenes kann nicht rückgängig gemacht werden. Veränderungsbereitschaft und das Bemühen, hinzuzulernen, sind erfahrungsgemäß ein gutes Mittel, Schuldgefühle zu verarbeiten.

Doch wer sagt den Müttern, was geändert werden sollte? Ärzte, Therapeuten, Psychologen oder sonstige Berater können, wenn sie das Vertrauen der Mütter (Eltern) genießen, hilfreiche Vorschläge machen. Auch einige Bücher geben Anregungen (siehe auch Anhang).

Weiterhin hat sich gezeigt, dass es einige immer wiederkehrende Punkte gibt, die jede Mutter für sich selbst überprüfen kann und ehrlich zu beantworten versuchen sollte. Mütter können sich die Fragen stellen: Wie gehe ich (wir) mit Konflikten um? Werden sie offen ausgetragen oder aber um des lieben Friedens willen zugedeckt? Wie groß ist mein Harmoniebedürfnis? Sprechen wir in unserer Familie miteinander oder übereinander? Werden die Geschwister genügend wahrgenommen? Wie ist meine Rolle in der Familie? Kann ich für meine Tochter als Vorbild gelten? Wie gehe ich mit meinem Körper und meinem Gewicht um? Wie ist unsere Ehe? Ist unsere Partnerschaft in Ordnung? Werden in unserer Familie Gefühle zugelassen und gezeigt? Respektieren wir einander? Wie perfekt muss alles sein? Wie wichtig sind gute Leistungen in unserer Familie? Wie wichtig ist, was »man« sagt und tut? Dürfen unsere Kinder eigene, evtl. von unseren abweichende Wertvorstellungen entwickeln?

Mütter können ein Beispiel geben: Wenn sie eigenes Verhalten und Wertvorstellungen kritisch überprüfen, dabei feststellen, dass das eine oder andere vielleicht geändert werden sollte, und dieses offen benennen, so kann das für die Tochter sehr hilfreich sein. Sie kann feststellen, dass es nicht schlimm ist, nicht perfekt zu sein oder Fehler zu machen, dass man trotzdem Selbstwertgefühl entwickeln und ausbauen kann.

Die Notwendigkeit, Konsequenzen aus Fehlern zu ziehen, wird noch einmal von den Müttern betont:

Eigene Schuldgefühle verarbeiten. Neue Verhaltensweisen einüben, eigene Wege gehen.

Keine Vorwürfe machen oder akzeptieren. Fehler wurden ja nicht bewusst oder absichtlich gemacht. Wir Mütter sind auch nur Ergebnisse von Erziehung, Umwelt, Leben.

Veränderungen in Bezug auf das eigene Verhalten sind auch deshalb hilfreich, weil sie immer eine Option zur Besserung beinhalten. Die Frage ist: Hat das, was bisher unternommen und getan wurde (oder nicht getan wurde), zu einer Verbesserung der Situation beigetragen? Wenn nicht, dann eröffnet jede Änderung neue Chancen.

Etliche Mütter empfehlen noch einmal nachdrücklich, sich von Schuldzuweisungen abzugrenzen:

Sie sollten sich keine Schuldgefühle einreden lassen. Denn diese schaden auch der Tochter.

Auch die eigene Situation als Mutter überdenken, sich keine Schuldgefühle einreden lassen.

Es ist das Recht einer jeden Mutter, sich zu fragen, was sie mittragen muss und was nicht, wo sie mitverantwortlich ist und wo nicht, und die als ungerechtfertigt empfundenen Vorwürfe auch zurückzuweisen.

Wie in den vorangegangenen Kapiteln deutlich wurde, sind die Mütter (je nach Krankheitsstadium der Tochter) intensiven Stresssituationen ausgesetzt. Das zehrt an den Nerven und Kräften der Mütter. Deshalb ist neben Selbstaufmerksamkeit in dieser Zeit auch die Selbststärkung besonders wichtig.

Die Mütter sollten sich nach einer Selbsthilfegruppe umschauen und versuchen, in Ansätzen das zu tun, was sie machen würden, wenn sie keine kranke Tochter hätten.

Viele Mütter können sich nicht vorstellen, sich selbst etwas Gutes zu tun, während es ihrer Tochter schlecht geht. Mütter, die obige Empfehlungen gegeben haben, kennen solche Gedanken und Gefühle, aber sie wissen auch um die Wichtigkeit der eigenen Stärkung und sprechen dies deswegen ausdrücklich aus, denn ein großer Teil der Bewältigung besteht ja darin, die Not der Tochter und die eigenen Gefühle auszuhalten, sie zu ertragen und die Hoffnung nicht aufzugeben. Das ist aber nur möglich, wenn die eigenen Kräfte immer wieder aufgebaut und gestärkt werden. Deswegen sollten Mütter sich ganz bewusst fragen, was ihnen Freude bereiten könnte, wo sie Erholung finden und auftanken können, und dieses dann auch wahrnehmen!

Nicht aufgeben. Für die eigene Stärke sorgen, um ein Punkt der Ruhe und Sicherheit für die Tochter zu sein.

Mütter verknüpfen solche Empfehlungen gleichzeitig auch mit einem Hinweis auf eine Vorbildfunktion für die Tochter.

Wenn die Kinder außer Gefahr sind, sollten die Mütter an sich denken und ihre Stärke entdecken und entwickeln für sich selbst und als Vorbild für die Töchter.

Viele Töchter belastet es, dass sie ihren Müttern solchen Kummer bereiten, sie haben Schuldgefühle der Mutter gegenüber. Manchmal werden diese auch von der Mutter geschürt (z.B.: »Du zerstörst dein Leben und meines noch dazu.«)

Versuchen, dem Mädchen keine Vorwürfe zu machen, damit sie sich nicht noch mit Schuldgefühlen plagt (fällt mir auch nach zwei Jahren noch schwer).

Die Töchter können sich freier mit sich selbst auseinander setzen, wenn sie sich nicht noch Gedanken um die Mutter machen müssen.
Und immer wieder betonen die Mütter, das eigene Leben, die eigenen Wünsche ernst zu nehmen.

Unbedingt der Familie klar machen, dass man kein »Kuli« ist, sondern als eigenständiger Mensch Anspruch auf Freiraum für sich selbst hat.

Als Mutter seine beruflichen Wünsche erfüllen (Teilzeit), damit niemals das Gefühl der »unterdrückten«, in die Mutterrolle gezwungenen Ehefrau entsteht.

Eigene Interessen in der Familie der Magersüchtigen gegenüber vertreten und durchsetzen. Eigene Bewegung suchen auf allen Gebieten.

Früh mit der Orientierung: »Von den Kindern weg«, beginnen, durch Seminare, Urlaubsreisen ohne Kinder. Nicht nur für die Familie da sein, sondern an sich selbst denken.

Die eigene Identität nicht aus den Augen verlieren:

Sich als eigenständige Person im Auge behalten.

Ja! Seine eigenen »Kraftquellen« entdecken.

Selbstaufmerksamkeit bezieht auch mit ein, wenn nötig, auch für sich selbst Hilfe z.B. in Form von Therapiegesprächen oder individueller Beratung in Anspruch zu nehmen.
Eine Mutter:

Durch meine Therapie habe ich sehr viel Selbstbewusstsein gewonnen, kann besser mit Konflikten umgehen; Scheidung vorgenommen, Abnabelung von den Kindern gut überstanden, offener geworden, bereit, Hilfe anzunehmen.

Selbst-Hilfe. Durch die Krankheit meiner Tochter ist mir vieles erst bewusst geworden, dass meine Seele auch Hilfe braucht.

Das nützt dann wiederum auch der Tochter, denn die Mütter (Eltern) geben ein Modell, dass auch sie hilfsbedürftig sind, nicht alles wissen und fähig sind, Hilfe anzunehmen.

Aufrechterhalten der Beziehung zur Tochter

Ihr zeigen, dass man sie gern hat.
Die Tochter trotz allem lieben.
Viel, viel Geduld und Liebe.

Dass Mütter dieses ausdrücklich als Empfehlung aussprechen, mag daraus resultieren, dass sie in ihren Gefühlen zur Tochter in dieser Zeit häufig auch eine Ambivalenz spüren, die zu tun hat mit ihrer Wut, ihrem Zorn, Ärger und ihrer Verzweiflung. Sich eine unerschütterliche mütterliche Liebe zur Tochter zu erhalten und ihr diese auch zu zeigen mag manchmal gar nicht so einfach sein. Berichten die Mütter doch an anderen Stellen von sehr verletzendem Verhalten der Tochter ihnen gegenüber. Gerade wenn die Mutter sich in ihren Bemühungen um die Tochter gekränkt und enttäuscht fühlt, könnte sie den Wunsch verspüren, sich innerlich von der Tochter abzuwenden.

Deswegen lauten die Empfehlungen der Mütter hier: trotz allem

- *in Kontakt zu bleiben mit der Tochter,*
- *zur Tochter zu stehen,*
- *ihr Liebe und Vertrauen entgegenzubringen,*
- *sie ernst zu nehmen (besonders auch ihre Gefühle),*
- *ihr Festigkeit entgegenzusetzen, aber keine Härte.*

Bereit sein, wenn die Tochter Hilfe wünscht. Was allerdings nicht bedeuten soll, alles hinzunehmen, Tag und Nacht zur Verfügung zu stehen und dabei eigene Grenzen zu überschreiten oder Auseinandersetzungen aus dem Wege zu gehen.

Aber wie kann eine Mutter es schaffen, auch einmal Wut und Ärger auszudrücken, ohne dass die Beziehung zur Tochter darunter sehr leidet? Wie kann sie es schaffen, überhaupt die Beziehung aufrechtzuerhalten in Zeiten, in denen die Tochter sich abwendet und unzugänglich ist?

Gerade dann ist es wichtig, auf die Art der Kommunikation mit der Tochter zu achten. Als hilfreich soll hier auf die Technik des »Aktiven Zuhörens« und der »Ich-Botschaften« verwiesen werden (Gordon 1991). »Aktives Zuhören« meint, ganz genau hinzuhören und versuchen zu verstehen, was die Botschaft besagt, und darüber hinaus wahrzunehmen, was die Person empfindet. Wir stellen unsere »Antennen« auf Empfang und versuchen, die Welt zeitweise mit den Augen der anderen Person zu sehen. Das verlangt, unsere eigenen Gedanken und Empfindungen zunächst zurückzustellen und eine Rückmeldung über das Gehörte und Wahrgenommene zu geben, bevor wir dann unsere eigenen Gedanken dazu ausdrücken. »Ich-Botschaften« geben meint, seine eigenen Gefühle, Gedanken und Bedürfnisse auszudrücken und eine offene und ehrliche Kommunikation herzustellen (z.B. nicht zu sagen »Du machst mich noch wahnsinnig«, sondern »Ich fühle mich hilflos und habe Angst«).

Offene und ehrliche Kommunikation bedeutet aber nicht, nun jedes Gefühl und jeden Gedanken mitzuteilen. Es ist durchaus sinnvoll, auch einmal nichts zu sagen, genau zu überlegen, was ausgesprochen werden sollte und was nicht. Weniger ist hier oft mehr. Aber was gesagt wird, das sollte offen und ehrlich sein!

Die Töchter entwickeln eine außerordentliche Sensibilität für »Untertöne« oder »Tricksen«. Was unter »normalen« Umständen vielleicht gar nicht beachtet würde, erhält jetzt Gewicht.

Aktives Zuhören und Ich-Botschaften helfen auch, einen

produktiven Umgang mit Konflikten zu fördern. Besonders für die Tochter ist es wichtig, zu erkennen, dass ein Konflikt gelöst werden kann, ohne dabei Beziehungen zu zerstören. Dieses ist ein wichtiger Meilenstein auf dem Weg zur Überwindung der Essstörung.

Manche Mütter/Eltern vergessen durch das tägliche Gerangel ums Essen, dass die Tochter mehr ist als eine »Essgestörte«. Sie sehen sie nur noch durch die Brille des »Problemkindes«. In solchen Fällen können Mütter/Eltern sich ganz bewusst bemühen, darauf zu achten, was alles sonst noch die Persönlichkeit der Tochter ausmacht.

Vielleicht kann sie gut malen, singen, musizieren, liebt Theater oder Kino oder Tanzen. Es gilt, die Tochter als ganze Person wahrzunehmen und ihr dieses auch zu vermitteln. Das erleichtert es ebenfalls, die Beziehung zur Tochter aufrechtzuerhalten, und der Tochter hilft es, mehr Selbstwertgefühl aufzubauen, denn – das sei noch einmal betont – es geht für diese ja gerade darum, ihre eigene, wahre Identität zu finden.

Gelassener Umgang mit Ess- und Ernährungsverhalten der Tochter

Erst an fünfter Stelle stehen Empfehlungen hierzu. Das deutet darauf hin, dass nach einer anfänglichen Zeit der Aufregung um das Essen dieses für die Mütter nicht mehr im Vordergrund steht. Die meisten Empfehlungen lauten, die Tochter nicht zum Essen zu zwingen und nicht so viel Aufhebens darum zu machen, Essen nicht zum Hauptthema werden zu lassen.

Die Tochter nicht mit dem Essen gängeln – das verstärkt nur die Abwehr. Beobachten, aber nicht kontrollieren.

Das Kind oder den Jugendlichen nicht zum Essen zwingen, nicht ein Thema daraus machen. Ich glaube, es ist besser, wenn man nicht so aufs Essen achtet. Obwohl es sehr schwer ist, zuzuschauen.

Meine Empfehlung, die ich anderen Müttern geben könnte: Niemals sie zum Essen zwingen.

Sie einfach machen lassen, man kann nicht helfen. Je mehr man drängt, umso mehr wird gehungert.

Das Kind sollte nicht zum Essen gedrängt werden, sondern einen Essensplan vom Therapeuten bekommen, solange es notwendig ist.

Auch Therapeuten empfehlen in der Regel, den Töchtern die Verantwortung für ihre Ernährung (auch unter Zuhilfenahme einer Ernährungsberatung) zu übertragen und zu überlassen. Damit einher gehen bei magersüchtigen Töchtern Fragen des Gewichtes, die an die Therapeuten oder Ärzte delegiert werden können.

Das hilft, die häusliche Atmosphäre zu entspannen, wie auch die folgenden Empfehlungen.

So sollte die Tochter die Möglichkeit bekommen, zu entscheiden, wann sie essen möchte (ohne dies der gesamten Familie vorzuschreiben), und, falls es für die übrige Familie zu stressig ist, gegebenenfalls auch allein zu essen.

Manchmal ist es auch sinnvoll, vorübergehend eigene Esssachen für die bulimische Tochter bereitzustellen oder auch einen bestimmten Betrag der Tochter für Lebensmittel zur Verfügung zu stellen. Das bedeutet gleichzeitig, dass von ihr erwartet wird, die Rechte der übrigen Familienmitglieder zu akzeptieren, sich nicht an deren Lebensmitteln zu vergreifen, und ihr dieses auch deutlich gemacht wird.

Offenheit anderen Personen gegenüber

Verstecken Sie sich nicht, sondern sprechen Sie über Ihre Probleme.

Das Problem nicht verheimlichen, sondern mit guten Freunden, Verwandten diskutieren. Man braucht die Außensicht, um mögliche Gründe zu erforschen.

Für viele Mütter ist es nicht einfach, offen über die Erkrankung der Tochter zu reden. So spricht auch nur eine von zehn Müttern eine solche Empfehlung aus. Eine Mutter, die eine Selbsthilfegruppe gegründet hat, beschreibt ihre Erfahrung:

Ich weiß, dass gerade bei dieser psychosomatischen Erkrankung die Bereitschaft und Überwindung der Angehörigen zu Gesprächen äußerst schwierig sind. Das beweisen mir auch die vielen »nur Telefongespräche« der Mütter, die sich mal aussprechen möchten, den Weg in die Gruppe aber scheuen.

Mütter, denen eine offene Haltung möglich war, haben häufig positive Erfahrungen gemacht und geben dies deshalb als Empfehlung weiter.

Die eigene Blockade überwinden und mit der Familie, Freunden und Verwandten darüber reden. Kein Geheimnis daraus machen, das verschlimmert alles und macht es unerträglich …

Als Eltern und Familie sollte man die Krankheit nicht vertuschen.

Darüber reden, versuchen, aus der Isolation zu kommen.

Offene Gespräche, jederzeit Freundeskreis einbeziehen, Bereitschaft zur Diskussion.

Dabei sollte man nicht nur über die Krankheit, sondern auch über die eigenen Gefühle reden.

Offen und viel mit anderen über die eigenen Ängste, Gefühle, Bedürfnisse, Aggressionen, Schuldgefühle usw. reden, Kontakte suchen.

Einige engagierte Mütter verknüpfen mit der Empfehlung zur Offenheit noch ein weiteres Anliegen: zur allgemeinen Aufklärung beitragen, Öffentlichkeit herstellen.

Sich öffnen. Aufklärung schaffen. Seine Erfahrungen weitergeben. Die Sucht der Raucher ist gesellschaftsfähig ...

Bleiben die Empfehlungen über die drei Befragungstermine hinweg gleich oder ändern sich die Prioritäten?

Bei der ersten Befragung gaben die Mütter eindeutig an erster Stelle Empfehlungen, die sich auf das **Handeln** in Bezug auf die Tochter und deren Erkrankung richteten. Diese bleiben immer noch sehr wichtig, aber bei der dritten Befragung sechs Jahre später nehmen Empfehlungen in Bezug auf **die Person der Mutter** Rang 1 ein:

Noch nachdrücklicher als zuvor empfehlen die Mütter, auch im eigenen Interesse Grenzen zu setzen, loszulassen, Selbstbewusstsein zu haben und sich um Selbstaufmerksamkeit und Selbststärkung zu bemühen.

Die Empfehlungen zum Aufrechterhalten der Beziehung

zur Tochter (Liebe, Vertrauen, Ernstnehmen, Mutmachen), und Geduld zu haben und durchzuhalten, bleiben weiterhin bedeutsam.

Abschließend sollen noch einmal einige Mütter zu Wort kommen:

Es sind zehn Jahre vergangen. In dieser Zeit hat sich viel getan. Sofort professionelle Hilfe zukommen lassen. Als Mutter ist man ungeeignet, aber das muss man erst mal akzeptieren. Es gibt kein Patentrezept, jeder Mensch reagiert anders. Nie, nie sein Selbstvertrauen verlieren.

Machen Sie was für sich. Krempeln Sie, wenn nötig, Ihr Leben um. Auch wenn es hart ist, es lohnt sich! Versinken Sie nur nicht in Selbstmitleid und Schuldgefühlen. Die Mutter ist nicht allein beteiligt am Leben der Tochter.

Schlussbemerkung

»In der Mitte der Nacht beginnt ein neuer Tag …«

Dieser Gedanke soll als Motto dienen für diese abschließenden Zeilen. Ich möchte ihn den Müttern als Trost mit auf den Weg geben, wenn sie noch mitten in der Akutphase der Erkrankung der Tochter stehen und voller Angst, Hilflosigkeit und Schuldgefühle sind und ihnen alles so hoffnungslos und die Zukunft dunkel und voller Gewitterwolken erscheint.

So wie in der Nacht, wenn alles noch dunkel ist, bereits ein neuer Tag beginnt, so ist auch irgendwann – von außen noch nicht wahrzunehmen – ein Wendepunkt im Krankheitsverlauf zu verzeichnen. Langsam, aber unaufhaltsam lichtet sich das Dunkel und es zeigt sich ein Silberstreif am Horizont, es wird heller und heller und vielleicht scheint sogar die Sonne. Wie lange dies dauert, ist unterschiedlich: im Sommer wird es früher hell und die Sonne geht früher auf, im Winter dauern die dunklen Stunden länger, manchmal peitschen Sturm und Regen und dann wieder gibt es ruhigere Zeiten.

So unterschiedlich ist es auch bei den Verläufen der Essstörungen, aber irgendwann lichtet sich das Dunkel, die Tochter macht Fortschritte und die Welt erscheint in einem neuen Licht. Viele Mütter haben dies erlebt. So sind viele der betroffenen Töchter wieder gesund geworden oder ihr Gesundheitszustand hat sich stark gebessert, selbst nach langjährigen Krankheitsverläufen.

Ein neuer Tag mit all seinen Chancen hat begonnen …

Anhang

Daten zu den Befragungen

1. Anzahl der beteiligten Mütter (es wurden immer dieselben Mütter befragt)

Befragung I	94 Mütter
Befragung II	46 Mütter
Befragung III	45 Mütter

2. Art der Essstörung der Töchter

restriktive Magersucht	44 Mütter
bulimische Magersucht	34 Mütter
Bulimie	16 Mütter

3. Alter der Tochter bei Beginn der Erkrankung

11/12 Jahre	8 Töchter
13/14 Jahre	29 Töchter
15/16 Jahre	28 Töchter
17/18 Jahre	13 Töchter
> 18 Jahre	16 Töchter

4. Beruf der Eltern

Ca. ein Drittel der Mütter sind Akademikerinnen, zwei Drittel haben andere Berufe. Es wird deutlich, dass fast alle Mütter eine gute Berufsausbildung haben und sich auch noch ein Stück weit darüber definieren, auch wenn sie diesen Beruf nicht mehr ausüben. Nur 7 Mütter geben als Beruf »Hausfrau« an.

Ca. die Hälfte der Väter sind Akademiker/Leitende Angestellte, weniger als 10 Prozent der Väter haben handwerkliche Berufe.

5. Wohnort der Mütter

Kleinstädte	33 Mütter
Mittelstädte	23 Mütter
Mittlere Großstädte	24 Mütter
Großstädte	11 Mütter
Ausland	3 Mütter

6. Familienstand
Verheiratet

Restriktive Magersucht	85 Prozent
Bulimische Magersucht	80 Prozent
Bulimie	63 Prozent

Entsprechend sind die restlichen Mütter jeweils geschieden oder leben getrennt.

7. Anzahl der Kinder in den Familien

1 Kind	18 Familien
2 Kinder	46 Familien
3 Kinder	20 Familien
4 Kinder	10 Familien

8. Geschwisterstatus der betroffenen Tochter
Es gibt 76 Mehrkinderfamilien, in diesen nimmt die betroffene Tochter am häufigsten den Rang des ältesten Kindes ein (50 Prozent), den des jüngsten Kindes zu 34 Prozent.

9. Therapeutische Maßnahmen zur Behandlung der Essstörung
Überblick über die Anzahl und die Art der therapeutischen Maßnahmen (Mehrfachnennungen), so wie sie von den Müttern berichtet werden (was bedeutet, dass kein Anspruch auf Vollständigkeit erhoben werden kann, da sicher in einigen Fällen Erinnerungslücken vorhanden sind):

Einzeltherapie (eine oder mehrere)	65 Töchter
Klinikaufenthalte	58 Töchter
Selbsthilfegruppe für betroffene Töchter	27 Töchter
Familientherapie	22 Töchter
Gruppentherapie	7 Töchter

10. Gesundheitszustand der Töchter nach sechs Jahren (Befragung III):

Anhand verschiedener Kriterien wurde der Gesundheitszustand der Töchter entlang den Beschreibungen und Einschätzungen der Mütter von mir klassifiziert. Es handelt sich somit nicht um objektive Daten, wie z.B. anhand einer medizinischen Beurteilung nach einem Klinikaufenthalt. Andererseits gehe ich davon aus, dass die Mütter den Gesundheitszustand ihrer Töchter recht gut einschätzen können. Sie haben im Verlaufe der Erkrankung oft eine erstaunliche Sensibilität hierfür entwickelt. Ich glaube sogar, dass die Töchter – zumindest was psychische Aspekte angeht – einen Arzt eher täuschen können als ihre Mutter.

Gesundheitszustand der Töchter nach Art der Erkrankung:

Restriktive Magersucht
Geheilt oder stark gebessert	10 Töchter
Noch krank	8 Töchter

Bulimische Magersucht
Geheilt oder stark gebessert	11 Töchter
noch krank	9 Töchter

Bulimie
Geheilt oder stark gebessert	3 Töchter
noch krank	2 Töchter

Zur sozialen Integration wurde festgestellt, dass 43 Prozent der Töchter entweder verheiratet sind oder in fester Partnerschaft leben, 16 Prozent haben Kinder geboren.

DER FRAGEBOGEN

Das Erleben der Mütter zur Magersucht/Bulimie ihrer Tochter

Erhebungsbogen

---

1. Zu Ihrer Person

Name .... Vorname ....

Alter .... Familienstand ....

Beruf .... z. Zt. ....

Beruf des Ehemannes/Partners .... Alter .....

---

2. Kinder

Alter	Ge-schlecht	Mager-sucht	Bulimie	Wann begonnen
1.	....	○	○	....
2.	....	○	○	....
3.	....	○	○	....
4.	....	○	○	....

---

3. Wer lebt in Ihrer engen Familie?

4. Haben Sie Erklärungen gefunden für die Erkrankung Ihrer Tochter? Wenn ja, welche?

5. Falls sie Ihnen bekannt sind: Welche Erklärungen hat Ihre Tochter für die Krankheit?

6. Gibt es auch etwas Positives, das Sie persönlich durch die Krankheit erfahren haben?

Verlaufsbogen

7. Verlauf der Krankheit bei Ihrer Tochter bis heute:

7.1. Bitte schildern Sie den Verlauf der Krankheit (evtl. mit Gewichtsschwankungen). Wie fing alles an? Wann und woran haben Sie es gemerkt? Gab es ein auslösendes Ereignis?

7.2. Wie ging es weiter? Welche Verhaltensänderungen haben Sie im Verlauf der Krankheit bei Ihrer Tochter festgestellt (in Bezug auf das Essen oder sonstwie)?

7.3. Welche Lösungsversuche gab es (z.B. Therapien, Klinikaufenthalte, Selbsthilfegruppen)?

7.4. Wie ist das Verhältnis zwischen Ihnen und Ihrer Tochter heute?

Mein Erleben im Krankheitsverlauf, meine Gefühle/Gedanken als Mutter (evtl. auch eigene körperliche Beschwerden u.a.) in Bezug auf die Fragen 7.1.–7.4.

7.1.

7.2.

7.3.

7.4.

8. Wie ist der Vater mit der Krankheit der Tochter umgegangen, wie hat er sich verhalten?

9. Wie haben sich die Geschwister verhalten?

10. Was hat Sie am meisten belastet?

11. Mit wem haben Sie über die Krankheit Ihrer Tochter gesprochen? Zu welchem Zeitpunkt?

12. Wer/was hat Ihnen geholfen (z.B. Bücher, Gespräche u.Ä.)?

13. Was wünschen Sie sich oder hätten Sie sich als Hilfe gewünscht?

14. Gibt es Empfehlungen, die Sie aufgrund Ihrer Erfahrungen anderen Müttern geben könnten?

15. Hat sich Ihr Leben durch die Krankheit Ihrer Tochter verändert? Wenn ja, wie?

Erläuterungen zum Krankheitsbild

Diagnostische Kriterien der Anorexia nervosa (Magersucht) und der Bulimia nervosa (Bulimie)[1]

1. Anorexia nervosa
Die wichtigsten Kriterien nach ICD 10: F 50.0 sind:

Tatsächliches Körpergewicht mindestens 15% unter dem erwarteten (entweder durch Gewichtsverlust oder nie erreichtes Gewicht) oder BMI[2] von 17,5 oder weniger. Bei Patienten in der Vorpubertät kann die erwartete Gewichtszunahme während der Wachstumsperiode ausbleiben.

Der Gewichtsverlust ist selbst herbeigeführt durch die Vermeidung von hochkalorischen Speisen und eine oder mehrere der folgenden Möglichkeiten:
Selbst induziertes Erbrechen;
Selbst induziertes Abführen;
Übertriebene körperliche Aktivitäten;
Gebrauch von Appetitzüglern und/oder Diuretika.

---

[1] Deutsche Hauptstelle für Suchtfragen e.V. (Hrsg.), Essstörungen, Suchtmedizinische Reihe, Band 3, 2004
[2] BMI=Body Mass Index (Gewicht in Kilogramm geteilt durch die quadrierte Körpergröße in Metern)

> Körperschemastörung in Form einer spezifischen psychischen Störung: Die Angst, zu dick zu werden, besteht als eine tiefverwurzelte überwertige Idee; die Betroffenen legen eine sehr niedrige Gewichtsschwelle für sich selbst fest.
> Ausbleiben von mindestens drei aufeinander folgenden Menstruationszyklen.

Als zentrales Leitmotiv eines magersüchtigen Mädchens bzw. Frau ist der Wunsch nach extremer Schlankheit, verbunden mit dem Wunsch nach Selbstbestimmung und Autonomie, zu sehen. Das niedrige Gewicht bei Magersucht wird typischerweise durch Hungern und Nahrungsverweigerung herbeigeführt und aufrechterhalten. Bei einem Teil der Betroffenen kommt es nach längerer Krankheitsdauer zu Heißhungeranfällen. Man spricht hier von Magersucht mit bulimischen Zügen.

Die extreme Angst vor einer Gewichtszunahme führt zu einer Zentrierung des gesamten Fühlens, Denkens und Handelns auf das Körpergewicht. Damit im Zusammenhang findet sich eine hartnäckige Verkennung der eigenen übermäßigen Schlankheit in Form einer Körperschemastörung. Das bedeutet, dass die eigene Körperform oder Teile des Körpers als zu dick wahrgenommen und überschätzt werden. Meist besteht wenig Krankheitseinsicht und die durch die Magersucht bedingten Gefahren werden geleugnet.

Auch durch übertriebene sportliche Aktivitäten wird versucht, ein niedrigeres Gewicht zu erreichen.

Häufig vermeiden die Betroffenen das Essen im Beisein anderer. Das führt zu einem Rückzug von sozialen Kontakten. Andererseits befassen sie sich gerne mit Nahrungszubereitung, sammeln Rezepte, lesen Kochbücher und bereiten für andere üppige Mahlzeiten zu. Es kann auch zu geheimem Horten oder auch Wegwerfen von Nahrungsmitteln kommen.

Nicht selten findet man bei magersüchtigen Patientinnen ausgeprägte Zwangssymptome und depressive Symptome, die durch den Zustand des Hungerns bedingt sein können und sich häufig bei Gewichtszunahme bessern.

Es kann zu einer Reihe von körperlichen Komplikationen und Folgeschäden kommen.

2. Bulimia nervosa

Die wichtigsten Kriterien nach ICD 10: F 50.2. sind:

> Andauernde Beschäftigung mit Essen, unwiderstehliche Gier nach Nahrungsmitteln; Essattacken, bei denen sehr große Mengen Nahrung in kurzer Zeit konsumiert werden.

> Versuch, dem dick machenden Effekt der Nahrung durch verschiedene kompensatorische Verhaltensweisen entgegenzusteuern: selbst induziertes Erbrechen, Missbrauch von Abführmitteln, zeitweilige Hungerperioden, Gebrauch von Appetitzüglern, Schilddrüsenpräparaten oder Diuretika. Bei gleichzeitigem Diabetes kann es zu einer Vernachlässigung der Insulinbehandlung kommen.

Krankhafte Furcht, dick zu werden; die Betroffene setzt sich eine scharf definierte Gewichtsgrenze, weit unter dem prämorbiden oder altersgerechten Gewicht.

Häufig lässt sich in der Vorgeschichte mit einem Intervall von einigen Monaten bis zu mehreren Jahren eine Episode einer Anorexia nervosa nachweisen. Diese frühere Episode kann voll ausgeprägt gewesen sein oder war eine verdeckte Form mit mäßigem Gewichtsverlust und/oder einer vorübergehenden Amenorrhö.

Meist liegt das Gewicht im Normbereich, trotzdem sind die Betroffenen mit ihrer Figur unzufrieden und haben Angst vor einer Gewichtszunahme. Man kann die Bulimie als Versuch ansehen, angesichts einer Vielzahl von Widersprüchen und Überforderungen ihr Leben zu bewältigen. Den Betroffenen stehen zu dem Zeitpunkt keine bedürfnisgerechten Bewältigungsstrategien zur Verfügung.

Es kommt aus einem als unkontrollierbar erlebten Drang heraus zu einem schnellen Herunterschlingen von Nahrungsmitteln. Die Essanfälle werden meist im Verborgenen abgehalten und laufen nach einem sich wiederholenden Ritual ab. Meist sind es Nahrungsmittel, die leicht verfügbar und schnell zu essen sind, außerdem kalorienreich und deshalb eigentlich verboten. Bei diesen Essanfällen können 3000 bis 5000 kcal oder mehr verzehrt werden.

Eine krankhafte Besorgnis um die Figur und das Körpergewicht beherrscht das Denken, Fühlen und Handeln der Betroffenen und führt zu einer als leidvoll erlebten Einschränkung der individuellen Freiheit. Bulimische Frauen leiden häufig unter depressiven Verstimmungen bis hin zu Selbstmordabsichten, allgemein pessimistischen Gedanken und einem geringen Selbstwertgefühl.

Es kann zu einer Reihe von körperlichen Komplikationen und Folgeschäden kommen.

ADRESSEN, DIE WEITERHELFEN KÖNNEN

Bundeszentrale für gesundheitliche Aufklärung (BzgA)
Ostmerheimer Straße 220, 51109 Köln
Tel.: 0221-89 92-0
Fax: 0221-89 92-300
E-Mail: order@BzgA.de
www.bzga.de

Zu bestellen sind dort z.b. Broschüren zum Thema Essstörungen für Betroffene (Nr. 35231002) und für Eltern, Partner, Angehörige, Freunde (Nr. 35231400).

Telefonisch können Beratungsangebote erfragt werden über das Informationstelefon zur Suchtvorbeugung: 0221-89 20 31.

Die Telefonberatung ist Montag bis Donnerstag zwischen 10.00 und 22.00 Uhr und Freitag bis Sonntag zwischen 10.00 und 18.00 Uhr besetzt.

Deutsche Hauptstelle für Suchtfragen (DHS) e.V.
Westring 2, 59065 Hamm
Tel.: 02381-90 15-0
Fax: 02381-90 15-30
E-Mail: info@dhs.de
www.dhs.de

Sie können dort Informationsmaterial und Auskunft über regionale Beratungsangebote erhalten.

Dick und Dünn e.V., Innsbrucker Str. 25, 10825 Berlin
Tel.: 030-85 44 994

ANAD Selbsthilfe bei Anorexia und Bulimia Nervosa e.V.
Rottmannstr. 5, 80333 München
Tel.: 089-523 66 33

Frankfurter Zentrum für Essstörungen
Hansaallee 18, 60322 Frankfurt (Main)
Tel.: 069-55 01 76

Im **Internet** können Informationen eingeholt werden:
www.magersucht.de
www.essprobleme.de
www.hungrig-online.de

Auch können über die örtlichen Gesundheitsämter und die Telefonseelsorge Hinweise auf Beratungsstellen in der Nähe erfragt werden. Im Telefonbuch sind Beratungsstellen unter Suchtberatungsstelle, Psychosoziale Beratungsstelle, Frauenberatungsstelle oder Jugend- und Drogenberatungsstelle zu finden.

LITERATUREMPFEHLUNGEN

Baeck, S. (1994): Essstörungen bei Kindern und Jugendlichen. Ein Ratgeber für Eltern, Geschwister, Angehörige und Lehrer. Freiburg: Lambertus

Boskind-White, M. & White, W.C. (1991): Bulimarexie. Ein Ratgeber zur Überwindung von Freß- und Magersucht. München: Knaur

Cuntz, U. & Hillert, A. (1998): Essstörungen. Ursachen – Symptome – Therapien. München: C.H. Beck

Gerlinghoff, M. (2001): Magersucht und Bulimie. Weinheim: Beltz

Gerlinghoff, M., Backmund, H. & Mai, N. (1999): Magersucht und Bulimie. Verstehen und bewältigen. Weinheim: Beltz

Gerlinghoff, M. (2001): Magersüchtig. Eine Therapeutin und Betroffene berichten. Weinheim: Beltz

Gordon, Th. (1991): Familienkonferenz. Die Lösung von Konflikten zwischen Eltern und Kind. München: Heyne

Lawrence, M. (1987): »Ich stimme nicht«. Identitätskrise und Magersucht. Reinbek bei Hamburg: Rowohlt

Lawrence, M. (1989): Satt aber hungrig. Frauen und Essstörungen. Reinbek bei Hamburg: Rowohlt

Valette, B. (1990): Suppenkasper und Nimmersatt. Essstörungen bei Kindern und Jugendlichen. Reinbek bei Hamburg: Rowohlt

Vandereycken, W. & Meermann, R. (2000): Magersucht und Bulimie. Ein Leitfaden für Betroffene und Angehörige. Göttingen: Huber

Wardetzki, B. (1996): »Iß doch endlich mal normal!« Hilfen für Angehörige von eßgestörten Mädchen und Frauen. München: Kösel